MISS. ASLI ZER KHAN
XA. BERAPA HARI DI
INDONESIA.

Impressum

Gunda Urban
Indonesisch — Wort für Wort
erschienen im
REISE KNOW-HOW Verlag Peter Rump GmbH
Osnabrücker Str. 79, D-33649 Bielefeld
info@reise-know-how.de

Bearbeitung	Claudia Schmidt
Layout	Kerstin Belz
Layout-Konzept	Günter Pawlak, FaktorZwo! Bielefeld
Umschlag	Peter Rump
Kartographie	Iain Macneish
Fotos	Gunda Urban
Druck und Bindung	Fuldaer Verlagsanstalt GmbH & Co. KG, Fulda

ISBN 978-3-89416-528-4
Printed in Germany

Dieses Buch ist erhältlich in jeder Buchhandlung der BRD,
Österreichs, der Schweiz und der Benelux. Bitte informieren
Sie Ihren Buchhändler über folgende Bezugsadressen:

BRD Prolit GmbH, Postfach 9, 35461 Fernwald (Annerod)
sowie alle Barsortimente

Schweiz AVA-buch 2000, Postfach 27, CH-8910 Affoltern

Österreich Mohr Morawa Buchvertrieb GmbH,
Sulzengasse 2, A-1230 Wien

Belgien & Niederlande Willems Adventure, Postbus 403, NL-3140 AK Maassluis

direkt Wer im Buchhandel kein Glück hat, bekommt unsere Bücher
zuzüglich Porto- und Verpackungskosten auch direkt
über unseren Internet-Shop:**www.reise-know-how.de.**
Zu diesem Buch ist ein **AusspracheTrainer** erhältlich, auf
Audio-CD in jeder Buchhandlung der BRD, Österreichs, der
Schweiz und der Benelux-Staaten oder als **MP3-Download**
unter **www.handyglobal.de**
Der Verlag möchte die **Reihe Kauderwelsch**
weiter ausbauen und **sucht Autoren**!
Mehr Informationen finden Sie auf unserer Internetseite
www.reise-know-how.de/buecher/special/
schreiblust-inhalt.html

Kauderwelsch

Gunda Urban

Indonesisch
Wort für Wort

MAU DI ANTERIN KEBANTEN

MAU NGASIH BERAPA.

BIS INI LANGSUNG
KE MESCID AGUNG
BANTEN.

**Lain desa — lain adat,
lain sawah — lain belalang.**
Anderes Dorf — andere Tradition,
anderes Reisfeld — andere Heuschrecken.
(indonesisches Sprichwort)

REISE KNOW-HOW
im Internet
www.reise-know-how.de
info@reise-know-how.de

*Aktuelle Reisetipps
und Neuigkeiten,
Ergänzungen nach
Redaktionsschluss,
Büchershop und
Sonderangebote
rund ums Reisen*

MISS. MASIH KULIAH YA.
KOK. GAK. BAWA TEMEN
ATAU PACAR

Kauderwelsch-Sprechführer sind anders!

Warum? Weil sie Sie in die Lage versetzen, wirklich zu sprechen und die Leute zu verstehen.

Wie wird das gemacht? Abgesehen von dem, was jedes Sprachbuch bietet, nämlich Vokabeln, Beispielsätze etc., zeichnen sich die Bände der Kauderwelsch-Reihe durch folgende Besonderheiten aus:

Die **Grammatik** wird in einfacher Sprache so weit erklärt, dass es möglich wird, ohne viel Paukerei mit dem Sprechen zu beginnen, wenn auch nicht gerade druckreif.

Alle Beispielsätze werden doppelt ins Deutsche übertragen: zum einen **Wort-für-Wort**, zum anderen in „ordentliches" Hochdeutsch. So wird das fremde Sprachsystem sehr gut durchschaubar. Denn in einer fremden Sprache unterscheiden sich z. B. Satzbau und Ausdrucksweise recht stark vom Deutschen. Ohne diese Übersetzungsart ist es so gut wie unmöglich, schnell einzelne Wörter in einem Satz auszutauschen.

Die **Autorinnen** und **Autoren** der Reihe sind Globetrotter, die die Sprache im Land selbst gelernt haben. Sie wissen daher genau, wie und was die Leute auf der Straße sprechen. Deren Ausdrucksweise ist nämlich häufig viel einfacher und direkter als z. B. die Sprache der Literatur oder des Fernsehens.

Besonders wichtig sind im Reiseland **Körpersprache, Gesten, Zeichen** und **Verhaltensregeln**, ohne die auch Sprachkundige kaum mit Menschen in guten Kontakt kommen. In allen Bänden der Kauderwelsch-Reihe wird darum besonders auf diese Art der nonverbalen Kommunikation eingegangen.

Kauderwelsch-Sprechführer sind keine Lehrbücher, aber viel mehr als Sprachführer! Wenn Sie ein wenig Zeit investieren und einige Vokabeln lernen, werden Sie mit ihrer Hilfe in kürzester Zeit schon Informationen bekommen und Erfahrungen machen, die „taubstummen" Reisenden verborgen bleiben.

Inhalt

9 Vorwort
11 Hinweise zur Benutzung
14 *Karte von Indonesien*
15 Über die Sprache Bahasa Indonésia
18 Aussprache & Betonung
22 Wörter, die weiterhelfen

Grammatik

26 Hauptwörter
28 Eigenschaftswörter
30 Steigern & Vergleichen
32 Fürwörter
35 Dieses & Jenes
36 Tätigkeitswörter
42 Die Zeiten
46 Auffordern & Befehlen
47 Bindewörter
48 Fragen
53 Verneinung
56 Verhältniswörter
59 Zahlen & Zählen
65 Uhr-, Tages- & Jahreszeit

Konversation

73 Kurz - Knigge
77 Anrede- & Höflichkeitsformen
78 Grüßen & Verabschieden
79 Bitten, Danken & Wünschen
82 Das erste Gespräch

86 Herzensangelegenheiten
87 Floskeln & Redewendungen
89 Zu Gast sein
94 Unterwegs...
107 Auf dem Land
113 Am Meer
116 Unterkunft
118 Essen & Trinken
127 Kaufen & Handeln
134 Fotografieren
135 Behörden, Bank & Post
141 Telefonieren
144 Krank sein
149 Toilette & Co.
152 Schimpfen & Fluchen

Anhang

153 Literaturhinweise
154 Wörterliste Deutsch - Indonesisch
165 Wörterliste Indonesisch - Deutsch
176 Die Autorin

Buchklappe vorne   *Zahlen & Pränasalierung*
                 Aussprache & Rechtschreibung
                 Nichts verstanden? — Weiterlernen!

Buchklappe hinten   *Die wichtigsten Floskeln & Redewendungen*
                 Die wichtigsten Fragewörter, Richtungsangaben
                 & Zeitangaben
                 Die wichtigsten Fragen & Sätze

Vorwort

Wie jeder Reisende weiß, erwächst aus der Möglichkeit, sich in der jeweiligen Landessprache verständlich zu machen, eine Reihe völlig anderer, intensiver Erfahrungen und Erlebnisse. Schon wenige Kenntnisse der Sprache reichen aus, um mit den Menschen näheren Kontakt zu bekommen, zur richtigen Zeit zum richtigen Ort zu gelangen oder die landesüblichen Preise zu bezahlen. Die einheimische Sprache öffnet dem Reisenden Türen, die jedem „stummen Touristen" verschlossen bleiben.

Wer nach Indonesien fährt, wird feststellen, dass außerhalb der Touristenzentren kaum noch Englisch gesprochen wird. Ein freundliches Hello Mister! und May I introduce myself? in fließendem Englisch erwecken die Hoffnung auf ein intensives Gespräch. In den meisten Fällen ist damit aber auch der englische Wortschatz des Gesprächspartners erschöpft.

In nicht-touristischen Gegenden ist es ratsam, wenigstens ein Minimum der Sprache zu beherrschen, wenn man nicht nur stumm lächelnd vor den Bewohnern stehen will. Das ist der Grund, aus dem dieses Büchlein gemacht wurde. Besonders in Indonesien mit seinen Hunderten von Sprachen und Dialekten hilft dem Reisenden dieser Sprachführer, sich in der nationalen Sprache

Bahasa Indonésia verständlich zu machen.

Der Schwerpunkt dieses Buches liegt auf der Vermittlung effektiver Kommunikation und einer übersichtlichen Darstellung der Grammatik, auf Grammatikballast wird so weit wie möglich verzichtet. Wer die indonesische Sprache lernen will, um sich überhaupt erst einmal verständlich zu machen, wird feststellen, dass er bereits mit einem Minimum an Grammatik auskommt und eigentlich fast sofort mit dem Kommunikationsteil beginnen kann. Wenn Fragen auftauchen, reicht es auch, später noch einmal in der Grammatik nachzuschlagen.

Wichtig ist, dass man versteht und verstanden wird, weniger, ob der gesprochene Satz grammatikalisch einwandfrei ist.

Hinweise zur Benutzung

Der Kauderwelsch-Band „Indonesisch — Wort für Wort" ist in drei wichtige Abschnitte gegliedert:

Grammatik

Die Grammatik beschränkt sich auf das Wesentliche und ist so einfach gehalten wie möglich. Deshalb sind auch nicht sämtliche Ausnahmen und Unregelmäßigkeiten der Sprache erklärt. Wer nach der Lektüre gerne noch tiefer in die Grammatik der indonesischen Sprache eindringen möchte, findet im Anhang einige Tipps zum Weiterlernen. Natürlich kann man die Grammatik auch überspringen und sofort mit dem Konversationsteil beginnen. Wenn dann Fragen auftauchen, kann man immer noch in der Grammatik nachsehen.

Konversation

Im Konversationsteil finden Sie Sätze aus dem Alltagsgespräch, die Ihnen einen ersten Eindruck davon vermitteln sollen, wie die indonesische Sprache „funktioniert" und die Sie auf das vorbereiten sollen, was Sie später in Indonesien hören werden. Sie können die Beispielsätze als Fundus von Satzschablonen und -mustern benutzen, die Sie selbst Ihren Bedürfnissen anpassen. Um Ihnen das zu erleichtern, ist ein erheblicher Teil der Beispielsätze nach allgemeinen Kriterien geordnet („begrüßen", „verabschieden", „bitten", „danken", usw.). Mit einem kleinen bisschen Kreativität und Mut können Sie sich neue Sätze „zusammenbauen", auch wenn das Ergebnis nicht immer grammatikalisch perfekt ausfällt.

Wort-für-Wort-Übersetzung Jede Sprache hat ein typisches Satzbaumuster. Um die sich vom Deutschen unterscheidende Wortfolge indonesischer Sätze zu verstehen, ist die Wort-für-Wort-Übersetzung in *kursiver* Schrift gedacht. Jedem indonesischen Wort entspricht ein Wort in der Wort-für-Wort-Übersetzung. Wird ein indonesisches Wort im Deutschen durch zwei Wörter übersetzt, werden diese zwei Wörter in der Wort-für-Wort-Übersetzung mit einem Bindestrich verbunden:

Ada kamar?
es-gibt Zimmer
Gibt es ein Zimmer?

Werden in einem Satz mehrere Wörter angegeben, die man untereinander austauschen kann, steht ein Schrägstrich zwischen diesen:

Ada kamar / losmén?
es-gibt Zimmer / Losmen
Gibt es ein Zimmer / eine Pension?

Wörterlisten Die Wörterlisten am Ende des Buches enthalten einen Grundwortschatz von je ca. 1000 Wörtern Deutsch-Indonesisch und Indonesisch-Deutsch, mit denen man eine ganze Menge anfangen kann.

Die Umschlagklappen helfen, die wichtigsten Sätze und Formulierungen schnell parat zu haben. Außerdem finden sich hier die wichtigsten Angaben zur Aussprache sowie Informationen zur Pränasalierung und indonesischen Rechtschreibung, weiterhin eine kleine Liste der wichtigsten Fragewörter, Richtungs- und Zeitangaben. — Wer ist nicht schon einmal aufgrund missverstandener Gesten im fremden Land auf die falsche Fährte gelockt worden? Aufgeklappt ist der Umschlag eine wesentliche Erleichterung, da nun die gewünschte Satzkonstruktion mit dem entsprechenden Vokabular aus den einzelnen Kapiteln kombiniert werden kann.

Wenn alles nicht mehr weiterhilft, dann ist vielleicht „Nichts verstanden? — Weiterlernen!" der richtige Tipp. Es befindet sich ebenfalls im Umschlag, stets bereit, mit der richtigen Formulierung für „Ich verstehe leider nicht." oder „Können Sie das bitte wiederholen?" auszuhelfen.

Umschlagklappen

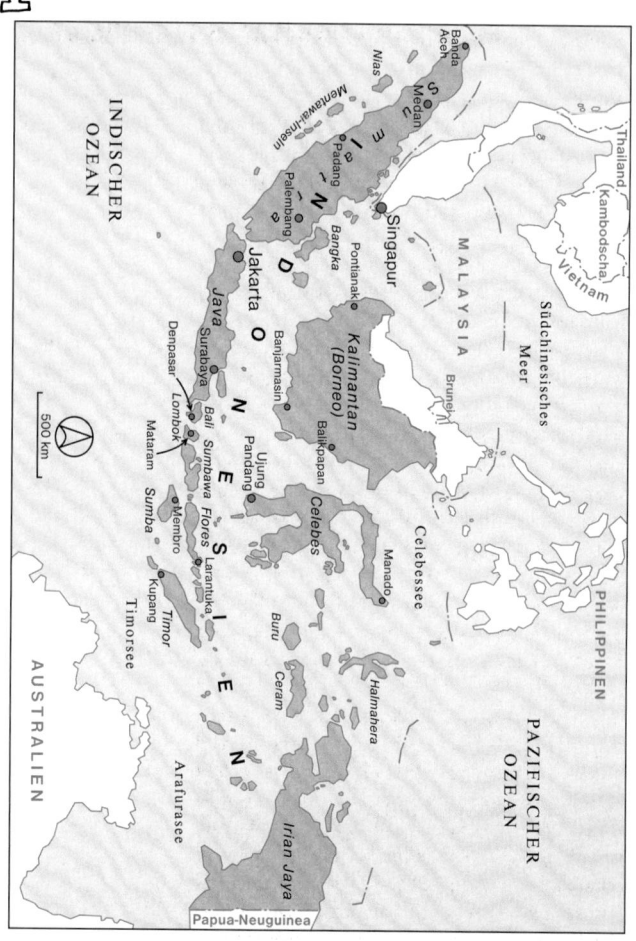

Über die Sprache Bahasa Indonésia

Die Republik Indonesien ist nicht nur reich an Inseln (ca. 13.500), sondern auch an unterschiedlichsten Völkern und Volksgruppen. Über 250 verschiedene Sprachen, von Dialekten einmal ganz abgesehen, werden heute in Indonesien gesprochen. Die wichtigsten sind u.a. Javanisch, Sundanesisch, Maduresisch, Makassar, Balinesisch.

Aber ein moderner Staat braucht eine einheitliche Kommunikationsmöglichkeit. Als man 1945 die Unabhängigkeit ausrief, hätte man Niederländisch zur Nationalsprache machen können; mit den ehemaligen Kolonialherren wollte man jedoch nichts mehr gemein haben. Schon 1928 hatte der zweite Indonesische Jugendkongress erstmals eine einheitliche Nationalsprache gefordert: „Satu nusa, satu bangsa, satu bahasa." – „Ein Land, ein Volk, eine Sprache." Und daran erinnerte man sich nun: Bahasa Indonésia wurde zur Nationalsprache erklärt.

Diese „Sprache Indonesiens" ist eine Mischung unterschiedlichster Sprachen, basiert aber größtenteils auf der Handelssprache Malayu kuno, die über Jahrhunderte im gesamten Archipel verstanden und gesprochen wurde, von Malaysia bis Sulawési. Sprachwissenschaftlich gehört die Bahasa Indonésia, wie auch Bahasa Malayu, die Nationalsprache Malaysias, zur Familie der „austronesischen Sprachen", wie auch z. B. Maori, Tagalog, Madagassisch oder Hawaiisch. Allerdings ist es keine „Muttersprache", sondern wird in der heutigen Form überall als Zweitsprache erlernt. In allen indonesischen Schulen ist sie neben der jeweiligen Muttersprache Pflichtfach ab dem 1. Schuljahr. So kann es passieren, dass es in abgelegenen Gegenden, in denen die Leute nicht zur Schule gegangen sind, selbst mit der Nationalsprache Verständigungsschwierigkeiten gibt. Allerdings muss zumindest der Bürgermeister die Bahasa Indonésia sprechen, sonst hätte er sein Amt nicht bekommen können.

Ursprünglich benutzte man die niederländische Schreibweise des Indonesischen; aber auch dieses letzte Sprachrelikt der Kolonialzeit wurde abgeschafft: 1972 wurde eine Rechtschreibreform durchgeführt, seither werden die Wörter in Malaysia und Indonesien gleich geschrieben.

Da sich auch Vokabeln und Grammatik der jeweiligen Landessprache kaum unterscheiden, ist die Verständigung mit der Bahasa Indonésia auch in Malaysia fast problemlos, obwohl dort der Anteil der Leute, die Englisch sprechen, viel größer ist.

Bei der Beschäftigung mit der indonesischen Sprache ist vor allem zu beachten, dass man die klassischen Grammatikkategorien, wie Hauptwörter, Eigenschaftswörter, Tätigkeitswörter etc. streng genommen nicht exakt auf die indonesische Sprache anwenden kann. Ein indonesisches Wort kann beispielsweise im

Deutschen mit einem Tätigkeitswort und einem Hauptwort übersetzt werden: hujan - „Regen, regnen". Die jeweilige grammatikalische Bedeutung ergibt sich aus dem Satzzusammenhang. Für eigentlich alle Eigenschaftswörter gilt, dass man sie im Deutschen mit einem Eigenschaftswort, sakit - „krank", oder mit einem Tätigkeitswort - „krank sein" übersetzen kann.

Für diesen Kauderwelsch-Band wurden im Grammatikteil dennoch die klassischen Grammatikbezeichnungen verwendet. Man sollte sich jedoch nicht wundern, wenn in der Wort-für-Wort-Übersetzung das gleiche Wort mal als Hauptwort, mal als Tätigkeitswort etc. übersetzt wird oder in einem anderen Zusammenhang auch eine ganz andere Bedeutung hat.

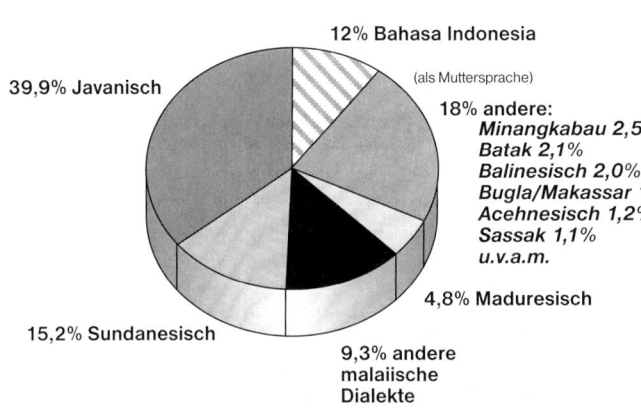

12% Bahasa Indonesia

(als Muttersprache)

39,9% Javanisch

18% andere:
Minangkabau 2,5
Batak 2,1%
Balinesisch 2,0%
Bugla/Makassar 1
Acehnesisch 1,2%
Sassak 1,1%
u.v.a.m.

4,8% Maduresisch

15,2% Sundanesisch

9,3% andere
malaiische
Dialekte

Aussprache & Betonung

Schon kleine Aussprachefehler können zu großen Missverständnissen führen, weil Wörter und Sätze plötzlich eine völlig andere Bedeutung bekommen können. Falls es hier zu Verständigungsproblemen kommt, sollte man den Satz einfach ein paar Mal mit unterschiedlichen Betonungen wiederholen.

In der Regel werden die Selbstlaute und Mitlaute wie im Deutschen ausgesprochen. Lediglich die folgenden werden mitunter anders als im Deutschen ausgesprochen.

c	wie „tsch" in „Ma**tsch**" (alte Schreibweise: **tj**) **cinta** (Liebe)
e	unbetontes „e" wie in „End**e**", wird häufig ganz verschluckt. **berapa?** (wie viel?)
é	betontes „e" wie in „L**e**ben"; d. h. das **e** wird gesprochen. **sepéda** (Fahrrad)
è	wird ausgesprochen wie bei „Essen" (ein geschlossenes „e"), **tèh** (Tee)
h	am Wortanfang immer gesprochen, in der Wortmitte und am Wortende nur leicht gehaucht **harus** (müssen), **Tuhan** (Gott), **tujuh** (sieben)
j	stimmhaftes „dsch" wie in „**Dsch**ungel", (alte Schreibweise: **dj**) , **Jakarta**

k	am Wortende kaum hörbar, sonst wie „k" in „**K**ind" **kosong** (leer), **anak** (Kind)
kh	rauhes „ch" wie in „la**ch**en" (alte Schreibweise: **ch**) **akhir** (Ende)
ng	nasaliertes „ng" wie in „gi**ng**" (das „g" ist nicht zu hören!) **datang** (kommen)
ngg	wie in „ng" + „g" in „A**ng**elika" **tanggal** (Datum)
ny	klingt wie „nj" in „So**nj**a" (alte Schreibweise: **nj**) **nyonya** (Frau)
o	langes, geschlossenes „o" wie in „r**o**t" **toko** (Laden) kurzes, offenes „o" wie in „M**o**tte" **botol** (Flasche)
p	wird oft statt „f" gesprochen (**f** kommt nur in Fremdwörtern vor), z. B. **pilem** (Film) statt **film**
r	rollendes Zungen-r **rumah** (Haus)
s	stimmloses „s" wie in „Bu**s**" **surat** (Brief)
u	wie dt. „u", (alte Schreibweise: **oe**) **pintu** (Tür)
w	Halblaut zwischen „u" und „w", wie engl. „w" in „**w**ater" **waktu** (Zeit)
y	wie das deutsche „j" in „**J**äger" (alte Schreibweise: **j**) **yang** (welche, -er)

Kauderwelsch-AusspracheTrainer

Falls Sie sich die wichtigsten indonesischen Sätze, die in diesem Buch vorkommen, einmal von einem Einheimischen gesprochen anhören möchten, kann Ihnen Ihre Buchhandlung den AusspracheTrainer (Audio-CD) zu diesem Buch besorgen. Sie bekommen ihn auch über unseren Internetshop www.reise-know-how.de Der AusspracheTrainer steht auch als MP3-Download unter www.handyglobal.de zur Verfügung. Alle Sätze, die Sie auf dem AusspracheTrainer hören können, sind in diesem Buch mit einem ☙ gekennzeichnet.

Die Doppellaute werden zum Teil wie im Deutschen, zum Teil aber auch getrennt gesprochen:

*ma'af kann auch
maaf geschrieben
werden.*

aa	getrennt gesprochen (mit Stimmabsatz), kein langes „a"! **ma'af** (Entschuldigung)
ae	getrennt gesprochen (mit Stimmabsatz), kein „ä"! **daérah** (Gebiet, Region)
ai	wie deutsches „ei" in „m**ei**n", am Wortende oft wie „äi" **kain** (Stoff), **pandai** (klug, geschickt)
ue	nicht wie „ü", sondern nacheinander gesprochen, jedoch nicht getrennt **kuè** (Kuchen, Gebäck)

*Ausnahme:
in air „Wasser"
wird „a-i"
getrennt gesprochen.*

Bei kea, kee, kei, keu liegen keine Doppellaute vor! Hier werden die Selbstlaute getrennt gesprochen, da es sich bei ke- um eine Vorsilbe handelt.

keadaan	Zustand
keemasan	vergoldet
keindahan	Schönheit
keulatan	Ausdauer

Alle anderen Doppellaute wie au, ia, iu, io, oi, ua, werden wie im Deutschen ausgesprochen.

Betonung Normalerweise wird die vorletzte Silbe betont: datang „kommen" oder nasi „Reis". Enthält die vorletzte Silbe aber ein „stummes e", betont man im Allgemeinen die letzte Silbe: kecil „klein". Wird das e gesprochen, ist es mit Akzent̄n (è) oder (é) gekennzeichnet. Die Betonung der Lehnwörter bleibt weitestgehend er-halten: politík „Politik", gubernúr „Gouverneur".

Im Gespräch oder durch Zuhören bekommt man ziemlich schnell ein Gefühl dafür, wann etwas zu betonen ist, später geht's dann automatisch.

In der Regel wird alles klein geschrieben. **Groß- &** Ausnahmen: Der Satzanfang sowie Eigen- **Kleinschreibung** namen werden groß geschrieben.

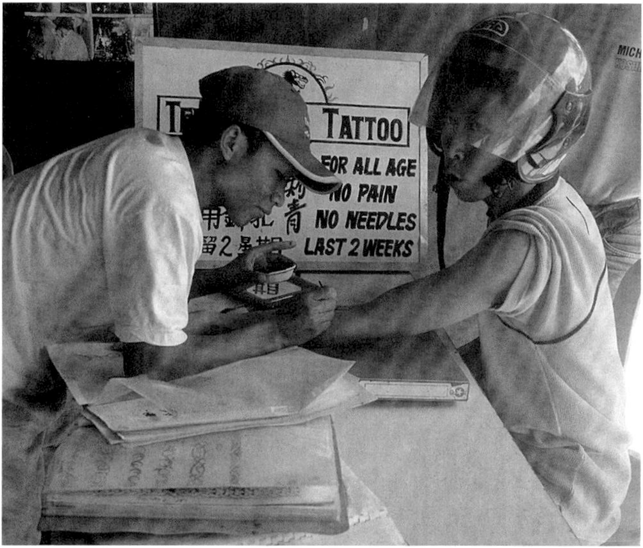

Wörter, die weiterhelfen

Ada bezeichnet das Vorhandensein einer Person oder Sache und heißt wörtlich „da ist/sind" bzw. „es gibt". Die Satzstellung bei einer Frage ist wie im Deutschen:

Ada kamar?	**Ada losmén?**
es-gibt Zimmer	*es-gibt Pension*
Gibt es ein Zimmer?	Gibt es eine Pension?

Das ist zwar nicht immer korrektes Indonesisch, aber jeder wird es verstehen. Man kann beispielsweise auch einsetzen:

tèh	Tee	**makanan**	Essen
kopi	Kaffee	**minuman**	Getränk(e)

Wichtig ist es natürlich auch, Transportmittel zu finden und ausdrücken zu können, wo man hin will.

Ada bis ke Jakarta?
es-gibt Bus nach Jakarta
Gibt es einen Bus nach Jakarta?

apotik	Apotheke
doktèr	Arzt/Ärztin
setasiun	Bahnhof
keréta api	Zug
bank	Bank
Kedutaan Besar	Botschaft
lapangan terbang	Flughafen

Wörter, die weiterhelfen

toko	Geschäft
hotèl	Hotel
rumah sakit	Krankenhaus
pasar	Markt
mésjid	Moschee
musium	Museum
pasar malam	Nachtmarkt
kantor polisi	Polizei(wache)
kantor pos	Post(gebäude)
rumah makan, réstoran	Restaurant
pompa bènsin	Tankstelle
télépon	Telefon
candi	Tempel
kamar kecil	Toilette

Die Antworten auf diese Fragen können lauten:

Ya, ada.   **Tidak ada.**
ja, es-gibt   *nein es-gibt*
Ja, gibt es / habe ich.   Nein, gibt es nicht / habe ich nicht.

Oder es folgt ein unverständliches Kauderwelsch. Das macht nichts, mit dem nächsten Satz kann man seine Bedürfnisse klarstellen:

Saya mau... /   Ich möchte ... / will ... /
Saya perlu...   Ich brauche ...

Saya mau kamar.
ich wollen Zimmer
Ich möchte/will ein Zimmer.

Saya perlu kopi.
ich nötig Kaffee
Ich brauche Kaffee.

oder verneint:

Saya tidak mau ...
ich nicht wollen ...
Ich möchte / will nicht / kein ...

Saya tidak perlu ...
ich nicht nötig ...
Ich brauche nicht / kein ...

Übrigens werden indonesische Tätigkeitswörter nicht gebeugt, so dass mau auch „du willst", „er / sie will" etc. bedeuten kann.

Di mana ada...?	Wo gibt es ...?

Di mana ada setasiun bis?
in wo es-gibt Station Bus
Wo gibt es eine Busstation?

Bei der Antwort werden sicherlich ein, zwei oder schlimmstenfalls vier Himmelsrichtungen genannt. Indonesier benutzen nur sehr selten das uns vertraute kiri „links" oder kanan „rechts" für Wegbeschreibungen. Um so wichtiger ist es, verstärkt auf die Handzeichen zu achten und immer wieder verschiedene Leute

nach dem Weg zu fragen, denn die Antworten können höchst widersprüchlich ausfallen.

Nur Mut, in Indonesien kann man kaum verloren gehen, und wenn das Ziel erreicht ist, weiß man, dass Indonesisch gar nicht so schwer ist.

selatan	Süden	**barat**	Westen
utara	Norden	**timur**	Osten
kiri	links	**kanan**	rechts
langsung	geradeaus	**kembali**	zurück
jauh	weit	**dékat**	nah
dari	von	**sampai**	bis
di sini	hier	**di sana**	dort
ke sini	hierhin	**ke sana**	dahin
di dalam	drinnen	**di luar**	draußen
di atas	oben	**di bawah**	unten
di muka,	vor	**di belakang**	hinten,
di depan			hinter

di sebelah
heißt „neben".

Berapa harga...? Wie viel kostet ...?

Berapa harga ini?
wie-viel Preis dies
Wie viel kostet dies?

Berapa harga kamar?
wie-viel Preis Zimmer
Wie viel kostet das
 Zimmer?

Hauptwörter

Das Hauptwort (Substantiv) bleibt in der Mehrzahl, abgekürzt „Mz", unverändert. rumah kann also „Haus, ein Haus, das Haus, Häuser" oder auch „die Häuser" heißen, das hängt vom Sinnzusammenhang ab.

Darüber hinaus hat man die Möglichkeit, die Mehrzahl durch unbestimmte Mengenangaben oder Zahlwörter auszudrücken. Diese stehen meistens vor dem Hauptwort!

Saya mau banyak / sedikit makanan.
ich wollen viel / wenig Essen
Ich will viel / wenig Essen.

Werden Bezeichnungen allgemein verwendet, ist also nicht von einem bestimmten „Ding" die Rede, kann das Hauptwort verdoppelt werden. Aus mobil „Auto" wird so mobil-mobil „Autos". Einige Wörter erhalten dadurch jedoch übertragen einen ganz anderen Sinn:

mata	mata-mata
Auge	Spion
kuda	**kuda-kuda**
Pferd	unbeweglich, unverrückbar (wie ein stehendes Pferd)

Es gibt auch noch Hauptwörter, die nur in dieser verdoppelten Form existieren:

kupu-kupu	Schmetterling(e)
biri-biri	Schaf(e)
anak-anak	Kind(er)
undang-undang	Gesetz(e)

Der Grund dafür könnte sein, dass man beispielsweise Schafe niemals „alleine" antrifft!

zusammengesetzte Hauptwörter

Im Indonesischen werden Hauptwörter genau andersherum als im Deutschen zusammengesetzt:

pintu rumah   **doktèr rumah sakit**
Tür Haus   *Doktor Haus krank*
Haustür   Krankenhausarzt

Es gibt im Indonesischen Wortzusammensetzungen, die zu einem unveränderbaren Ausdruck oder Hauptwort geworden sind:

mata hari	**mata** + **hari**
Sonne	Auge + Tag
surat kabar	**surat** + **kabar**
Zeitung	Brief + Nachricht
sakit hati	**sakit** + **hati**
gekränkt, traurig	krank + Leber
besar mulut	**besar** + **mulut**
frech,unverschämt	groß + Mund

Artikel, also „der, die, das, ein, eine, einer, eines", gibt es im Indonesischen nicht.

Geschrieben wird die Verdoppelung der Hauptwörter oft mit einer hoch- oder nachgestellten „2", z.B. gado² *oder* gado 2. *Gesprochen wird das Wort aber zweimal, also:* gado-gado *(Gemüsegericht mit Erdnusssoße). Auch bei Untertiteln im Kino und Fernsehen wird die hoch- oder nachgestellte „2", häufig benutzt.*

Eigenschaftswörter

Die Eigenschaftswörter (Adjektive) sind dem dazugehörigen Hauptwort nachgestellt. Würde der Satz „Ich möchte gebratenen Reis" wörtlich ins Indonesische übersetzt, saya mau goreng nasi, bekäme er einen anderen Sinn, nämlich: „Ich möchte Reis braten."

Saya mau nasi goreng.
ich wollen Reis gebraten
Ich möchte gebratenen Reis.

dua rumah kecil
zwei Haus klein
zwei kleine Häuser

Benutzt man eine zusätzliche Mengenangabe, steht diese immer direkt vor dem Bezugswort.

banyak rumah besar
viel Haus groß
viele große Häuser

Im indonesischen Sprachgebrauch ist nichts wirklich „schlecht", nichts ganz „falsch".

Um das Gegenteil von Eigenschaftswörtern auszudrücken, wird diesem meist kurang „weniger" vorangestellt: kurang baik „weniger gut", kurang jujur „weniger ehrlich". Das ist höflich und keiner der beiden Gesprächspartner verliert dabei sein Gesicht. Mit der Formulierung kurang ajar „weniger gebildet = unhöflich, grob, unverschämt" sollte man vorsichtiger sein, sie dient auch als schlimme Beleidigung.

wichtige Eigenschaftswörter

baik	gut, lieb, schön(Dinge)
buruk, jelek	schlecht, verdorben hässlich
bagus, indah	gut, schön (Dinge)
cantik	schön (Frauen)
besar – kecil	groß – klein
muda, baru - tua	jung, neu – alt
hangat, panas	warm, heiß
dingin	kalt
dekat – jauh	nah – weit entfernt
sakit – séhat	krank – gesund
mahal – murah	teuer – billig
kaya – miskin	reich – arm
kuat – lemah	stark – schwach
mudah – sukar	einfach – schwierig
èntèng – berat	leicht – schwer
penuh – kosong	voll – leer
lapar – kenyang	hungrig – satt
bèrsih – kotor	sauber – schmutzig
panjang, lama	lang (Ding), lange (Zeit)
pendèk	kurz
tinggi	hoch
rendah, dalam	niedrig, tief
cepat – lambat	schnell – langsam
berbahagia	glücklich
sedih	traurig
ménarik	interessant
bosan	langweilig
pintar – bodoh	klug – dumm
terang – gelap	hell, klar – dunkel, düster

Steigern & Vergleichen

Um ein Eigenschaftswort zu steigern, stellt man diesem für die 1. Steigerungsstufe lebih „mehr" bzw. kurang „weniger" oder für die 2. Steigerungsstufe paling „am meisten" voran:

Um die	**baik**	**lebih baik**
1. Steigerungsstufe	*schön*	*mehr schön*
noch zu verstärken,	schön	schöner
kann man lebih		
das Eigenschaftswort	**kurang baik**	**paling baik**
jauh „weit"	*weniger schön*	*am-meisten schön*
voranstellen.	weniger schön	am schönsten, sehr schön

Anjing itu yang paling hitam.
Hund jener welcher am-meisten schwarz
Dies ist der schwärzeste Hund.

Die 2. Steigerungsstufe kann man auch bilden, wenn man vor das Eigenschaftswort die Vorsilbe ter- stellt.

tinggi	hoch	**tertinggi**	am höchsten
mahal	teuer	**termahal**	am teuersten
murah	billig	**termurah**	am billigsten

mobil yang termurah
Auto welcher am-billigsten
das billigste Auto

Will man ausdrücken, dass zwei Dinge gleich
sind, verwendet man das Wort seperti „wie".

Saya mau kain batik seperti ini.
ich wollen Stoff Batik wie dies
Ich möchte eine Batik wie dies.

Saya mau kain sarung lain.
ich wollen Stoff Sarong anderen
Ich möchte einen anderen Sarong.

Ungleichheit in Vergleichssätzen drückt man
mit dari(pada) „von, als" oder di antara „zwischen" aus.

Kain ini lebih baik dari itu.
Stoff dieser mehr schön als jenes.
Dieser Stoff ist schöner als jener.

Rumah ini kurang besar dari itu.
Haus dieses weniger groß als jenes
Dieses Haus ist kleiner als jenes.

Dia yang terpandai di antara semua murid.
*er/sie welche/r am-klügsten in zwischen allen
Schüler*
Er/sie ist die Klügste von allen Schülern.

Fürwörter

Indonesier benutzen gerne und häufig die Anrede Bapak / Ibu, „Vater / Mutter", plus den Namen als persönliche Anrede an Stelle von „du / Sie".

Persönliche Fürwörter

saya	„ich"; gebräuchliche, neutrale Form
aku	„ich"; wird gegenüber Kindern, Verwandten oder engen Freunden benutzt
kamu, èngkau	„du"; sehr vertraulich, beide Anredeformen werden nur im Familien- und engen Freundeskreis benutzt
anda	„du, Sie"; neutrale, höfliche Anrede gegenüber Vorgesetzten, Fremden und entfernten Bekannten
dia, ia	„er, sie"
kami	„wir"; wenn der Angesprochene ausgeschlossen ist
kita	„wir"; wenn der Angesprochene miteinbezogen ist
kamu	„ihr"
merèka	„sie" (Mz)

Da es für uns Besucher häufig schwierig ist, die passende Anredeform zu finden, bedient man sich am besten des „neumodischen" Wortes anda.

Oft werden anstelle der persönlichen Fürwörter die folgenden Anreden benutzt.

Bapak	Vater, Herr	*Diese Anrede-*
Ibu	Mutter	*formen stehen*
Nyonya	Frau	*für das höfliche*
Nona	Fräulein	*„Sie".*

Für Bapak, Ibu, Adik *und* Kakak *sind die Kurzformen* Pak, Bu, Dik, Kak *sehr gebräuchlich.*

Adik	Bruder
Kakak	Schwester
Mas	Mann; Bruder

Yu hört man in letzter Zeit immer häufiger. Es entspricht dem englischen *„you"*, wird aber ausschließlich westlichen Touristen gegenüber angewendet. Es sollte nicht als Anrede für Indonesier benutzt werden.

Beliau ist die höflichste Anrede überhaupt und wird gegenüber Ministern, Fürsten u.ä. verwendet. Vergleichbar ist es mit dem deutschen „Hochwohlgeboren".

Saudara bedeutet „Herr, Frau, Schwester" und wird vielfach als höfliches „Sie" benutzt.

Besitzanzeigende Fürwörter

Mit den persönlichen Fürwörtern bildet man auch die besitzanzeigende (possessive) Form. Das persönliche Fürwort steht immer direkt hinter dem Hauptwort, auf das es sich bezieht. „Ich" erhält dann die Bedeutung „mein".

nasi saya	**nasi anda**	**nasi saudara**
Reis ich	*Reis du*	*Reis Sie*
mein Reis	dein Reis	Ihr Reis

nasi dia	nasi kami/kita	nasi meréka
Reis er/sie	*Reis wir/wir*	*Reis sie*(Mz)
sein/ihr Reis	unser Reis	ihr Reis

Im Folgenden werden die persönlichen Fürwörter in der Wort-für-Wort-Übersetzung wie
besitzanzeigende Fürwörter übersetzt, wenn
sie diese Funktion im jeweiligen Satz haben.

Saya makan nasi goréng anda.
ich essen Reis gebraten dein
Ich esse deinen gebratenen Reis.

Um Besitz anzuzeigen, besteht bei einigen
Fürwörtern die Möglichkeit, sie als Endung
an das Hauptwort anzuhängen. Man muss
allerdings auf alte Formen der persönlichen
Fürwörter zurückgreifen. Die Endungen -ku,
-mu und -kau werden allerdings nur bei ver-
trauten Personen benutzt.

rumah aku	**rumahku**	*Haus-mein*
rumah engkau	**rumahkau**	*Haus-dein*
rumah kamu	**rumahmu**	*Haus-dein*
rumah dia	**rumahnya**	*Haus-sein/-ihr*

Ebenfalls sehr gebräuchlich ist es, anstelle
persönlicher Fürwörter Anreden einzusetzen.
Dasselbe gilt auch, wenn man über den Besitz
Dritter redet:

rumah nyonya   *Haus Frau*   ihr Haus

Dieses & Jenes

Ini „dies, -e, -er, -es" und itu „jenes, -e, -er" werden bei fast jeder Gelegenheit benutzt, z.B.
um auf etwas Besonderes hinzuweisen oder
auch, im Fall von itu, als „Artikel-Ersatz" für
das deutsche „der, die, das".

Saya mau nasi ini.
ich wollen Reis dies
Ich möchte diesen Reis.

Saya mau makan ini.
ich wollen essen dies
Ich möchte dies essen.

Saya mau kain itu.
ich wollen Stoff jenes
Ich möchte jenen Stoff.

Apa ini?   **Apa itu?**
was dies   *was jenes*
Was ist dieses?   Was ist jenes?

Tätigkeitswörter

Der Vorteil indonesischer Tätigkeitswörter (Verben) liegt darin, dass sie nicht wie im Deutschen gebeugt werden. makan kann „ich esse, du isst, er isst" usw. heißen, je nachdem, welches persönliche Fürwort vorangestellt wird oder wie es sich aus dem Textzusammenhang ergibt. So kann durch das Tätigkeitswort alleine auch keine Zeit wie Zukunft oder Vergangenheit ausgedrückt werden.

Vor- & Nachsilben / Pränasalierung

Die indonesischen Tätigkeitswörter bergen allerdings eine andere Tücke, die man im Deutschen nur ansatzweise nachvollziehen kann, so können ihnen bestimmte Vor- und Nachsilben angehängt werden, die sie in charakteristischer Weise verändern; im Deutschen z.B. „fallen, verfallen, durchfallen, reinfallen". Gleichzeitig können dabei aus Tätigkeitswörtern auch Hauptwörter werden. Zum Beispiel:

makan	essen
di-makan	(wird) gegessen
ter-makan	irrtümlicherweise gegessen
makan-an	Essen, Speise
pe-makan	Esser, Fresser

Die Liste der Vor- und Nachsilben ist lang, die möglichen Bedeutungsvarianten jeder Vorsilbe ebenfalls. Hinzu kommt, dass sie nicht nur für Tätigkeitswörter gelten, sondern dass aus Hauptwörtern auch Eigenschafts- oder Tätigkeitswörter werden können oder umgekehrt. Hier einige Beispiele:

me-...	tangis	menangis
	Tränen	weinen
be(r)-.../bel-	...sepéda	bersepéda
	Fahrrad	Rad fahren
pe-...	curi	pencuri
	stehlen	Dieb
	pukul	pemukul
	schlagen	Hammer
te(r)-...	membuka	tèrbuka
	öffnen	geöffnet
memper-...	besar	mempèrbesar
	groß	größer machen
me-...-i	air	mengairi
	Wasser	bewässern
me-...-kan	bertanya	menanyakan
	fragen	nach etw. fragen
	bèrsih	membèrsihkan
	sauber	sauber machen
...-an	menjawab	jawaban
	antworten	Antwort
	minggu	mingguan
	Woche	wöchentlich
pe(r)-...-an	buat	perbuatan
	machen, tun	Tat

Übrigens: „Nasalierung" bedeutet hier nicht, dass man Buchstaben nun wie im Französischen durch die Nase aussprechen muss, sondern dass lediglich die Buchstaben -m- oder -n(g) den Anfangsbuchstaben ergänzen oder ersetzen.

Diese Liste ist als Hinweis darauf gedacht, wie variabel indonesische Tätigkeitswörter sind. Sie hilft auch, scheinbar unübersichtliche Wörter besser zu verstehen, da man Vor- und Nachsilben nun erkennen kann.

In einigen Wörterbüchern werden alle möglichen Ableitungen unter dem „Basiswort" aufgeführt. In diesem Fall sollte man mit den Veränderungen, die nur die Vorsilben me- und pe- bewirken, vertraut sein. Deshalb an dieser Stelle eine Übersicht aller möglichen Veränderungen. Der erste Buchstabe in der folgenden Tabelle ist der Anfangsbuchstabe des „Basiswortes", an zweiter Stelle steht der „nasalierte" Buchstabe, wenn me- bzw. pe- vorangehen.

Wer sich eingehender mit dem System der indonesischen Vor- und Nachsilben beschäftigen möchte und wem die einfache Unterhaltung nicht mehr ausreicht, der sollte sich eine ausführliche Grammatik kaufen. Eine Bücherliste mit weiterführenden Lehr- und Wörterbüchern befindet sich im Anhang.

me- / pe- + ...		
a-	wird zu	**-nga-**
e-	wird zu	**-nge-**
i-	wird zu	**-ngi-**
o-	wird zu	**-ngo-**
u-	wird zu	**-ngu-**
b-	wird zu	**-mb-**
c-	wird zu	**-nc-**
d-	wird zu	**-nd-**
g-	wird zu	**-ngg-**
h-	wird zu	**-ngh-**
j-	wird zu	**-nj-**
k-	wird zu	**-ng-**
p-	wird zu	**-m-**
s-	wird zu	**-ny-**
t-	wird zu	**-n-**

Zum Glück jedoch werden die wichtigsten Tätigkeitswörter überwiegend in der „Grundform" ohne Anhängsel verwendet. Und mit diesen kann man sich problemlos verständigen. Darüber hinaus entfallen die Vorsilben auch oft in der Umgangssprache.

die wichtigsten einfachen Tätigkeitswörter	
ada	vorhanden sein
bangun, bangkit	aufstehen
datang	kommen, ankommen
diam	wohnen, still sein
duduk	sitzen
hidup	leben
hilang	verschwunden sein
ikut, turut	folgen, teilnehmen
ingat	sich erinnern
jaga	bewachen
jatuh	fallen, hinfallen
kawin, nikah	heiraten
keluar	nach draußen gehen
kembali	zurückkehren, zurück
kenal	kennen
lari	laufen, rennen, fortlaufen
lupa	vergessen
main	spielen
mandi	baden
masuk	eintreten, untergehen
menang	gewinnen
minum	trinken
naik	hinaufgehen, -klettern
percaya	glauben
pergi	gehen, fortgehen, abreisen

auch: fahren mit

pindah	umziehen, umsteigen
pulang	zurückgehen, Heimkehrer
sakit	krank sein
séhat	gesund sein
tahu	wissen, kennen, begreifen, fähig sein (etw. zu tun)
terbang	fliegen
terbit	erscheinen, aufgehen
tidur	schlafen
tiba, sampai	ankommen
tinggal	übrigbleiben, wohnen, sterben
turun	hinabsteigen, fallen

Sonne, Mond (neben terbit)

sampai / *hat auch die Bedeutung „bis".* (neben tiba, sampai / tinggal)

Sein & Haben

Das deutsche Hilfstätigkeitswort „haben" existiert ebensowenig wie das Hilfstätigkeitswort „sein". Um „haben" im Sinne von „besitzen" auszudrücken, kann man ada „da ist / sind, es gibt" oder punya „besitzen" verwenden

Saya punya kamar.
ich besitzen Zimmer
Ich habe ein Zimmer.

Ada kamar?
es-gibt Zimmer
Gibt es / Haben Sie
ein Zimmer?

Saya orang Jèrman.
ich Mensch deutsch
Ich bin Deutsche/r.

Ada hotèl.
es-gibt Hotel
Es gibt ein Hotel.

andere Hilfstätigkeitswörter

Die anderen Hilfstätigkeitswörter sind ebenfalls einfach. Sie werden, falls sie mit einem anderen Tätigkeitswort kombiniert werden, diesem vorangestellt.

bolèh	dürfen
dapat	können, bekommen
siap	fertig/bereit sein, etw. zu tun
suka	mögen, gerne tun
mesti, musti	müssen
sanggup	in der Lage sein
harus	können
usah, perlu	nötig sein
pandai	es verstehen zu, klug
mau	wollen, möchten
hendak, ingin	wünschen
bisa	können (auch: Gift)

Saya mau jalan-jalan.
ich wollen Weg-Weg
Ich will spazierengehen.

Dia bisa bernyanyi.
er/sie können singen
Er/sie kann singen.

Die Zeiten

Die Bildung von Zeiten ist im Indonesischen unkompliziert. Die verschiedenen Zeiten werden angezeigt durch konkrete Tages- und Zeitangaben (Montag, heute, gestern) oder durch relative Zeitangaben (soeben, gleich, noch, schon,). Zeitangaben stehen am Satzanfang und die Tätigkeitswörter bleiben unverändert!

Vergangenheit

Zeit früher	**waktu dulu**	nahe Vergangenheit
Zeit jene	**waktu itu**	seit einiger Zeit
vorher, soeben, gerade	**tadi**	zu der Zeit, als...
von vorher	**dari tadi**	in früheren Zeiten
vorher morgens	**tadi pagi**	heute Morgen
vorher abends	**tadi malam**	gestern Abend
nachdem das	**setelah itu**	danach
früher	**dulu, dahulu**	früher, einstmals
neu	**baru**	eben erst, gerade
fertig	**habis, siap, selesai, sedia**	abgeschlossene Handlung
fast	**hampir**	fast, beinahe
noch-nicht	**belum**	noch nicht
bevor	**sebelum**	bevor
fertig	**pernah**	schon einmal
noch-nicht jemals	**belum pernah**	noch niemals
	setelah/sesudah	nachdem
bereits, schon	**sudah, telah**	schon begonnene Hdlg.

Saya makan nasi.   **Kemarin saya makan nasi.**
ich essen Reis   *gestern ich essen Reis*
Ich esse Reis.   Gestern aß ich Reis.

Saya habis makan nasi.
ich fertig essen Reis
Ich habe den Reis aufgegessen.

Habis makan pergi.
fertig essen gehen
Nach dem Essen gehe ich.

Tadi saya makan nasi.
vorher ich essen Reis
Soeben habe ich Reis gegessen.

Gegenwart

hari ini	*Tag dieser*	heute
sekarang	*jetzt*	jetzt
seketika	*ein-Zeitpunkt*	sofort
sedang, lagi*	*gerade etw. tun*	gerade
masih	*noch etw. tun*	noch
pada masa ini	*bei Zeit dieser*	gegenwärtig
dari dahulu	*von früher*	schon immer
selalu/	*stets*	fortwährend
selamanya		
berkali-kali	*öfters*	öfters
sering	*oft*	oft

Wenn lagi *dem Tätigkeitswort vorangestellt ist, hat es die gleiche Bedeutung wie* sedang, *nachgestellt bedeutet es jedoch „wieder".*

Saya sedang makan. **Hari ini saya makan nasi.**
ich gerade essen   *Tag dies ich essen Reis*
Ich esse gerade.   Heute esse ich Reis.

Zukunft

malam / bulan / tahun / minggu yang akan datang
Abend / Monat / Jahr / Woche welche werden (an)kommen
kommender Abend / nächste/-n/-s Monat / Jahr / Woche

Besok/lusa saya makan nasi.
morgen/übermorgen ich essen Reis
Morgen/übermorgen werde ich Reis essen.

kemudian	später, danach, dann nachher
hari kemudian	später, in Zukunft
nanti	nachher
hari nanti	später, in Zukunft
depan (vor)	nächst, zukünftig
hendak	wünschen zu
mau	wollen, werden

Um die unbestimmte Zukunft auszudrücken, also wenn man sagen will, dass man etwas irgendwann tun möchte, verwendet man meistens akan, in der Wort-für-Wort-Übersetzung mit „werden" übersetzt.

Es sieht nach Regen aus. (irgendwann später)	**Mau hujan.** *möchten regnen* Es wird regnen.	**Saya akan makan nasi.** *ich werden essen Reis* Ich werde Reis essen.

Satzstellung

In der Regel entspricht die indonesiche Satzstellung der deutschen:

Subjekt	Prädikat	Objekt
Satzgegenstand	*Satzaussage*	*Satzergänzung*
Saya	**mau**	**nasi.**
Ich	möchte	Reis.

Natürlich gibt es auch Ausnahmen. So wird
eine Satzaussage mit zwei Tätigkeitswörtern
nicht wie im Deutschen auseinander gerissen,
und Eigenschaftswörter stehen immer hinter
dem Hauptwort, auf das sie sich beziehen.

Saya mau makan nasi.
ich wollen essen Reis
Ich möchte Reis essen.

Saya mau makan nasi gorèng.
ich wollen essen Reis gebraten
Ich möchte gebratenen Reis essen.

Hier nun ein etwas längerer Satz:

Saya mau makan nasi gorèng sekarang ...
ich wollen essen Reis gebraten jetzt ...
Ich möchte jetzt gebratenen Reis essen ...

... dan nanti saya mau minum minuman ini.
... und später ich wollen trinken Getränk dies
... und später dieses Getränk trinken.

Auffordern & Befehlen

Eine einfache Aufforderung kann man ausdrücken, indem man einfach die Aufforderungssilbe -lah an das Tätigkeitswort anhängt:

tutup   zumachen
Tutuplah!   Mach zu!

mari(lah) heißt so viel wie „komm her!", „Los!". Man stellt es an den Satzanfang und drückt somit einen Vorschlag aus, in den sich der Sprecher mit einbezieht. Durch saja „nur, doch" wird dieser Vorschlag abgeschwächt.

Marilah kita pergi!   **Mari kita pergi saja!**
los! wir gehen   *los! wir gehen nur*
Lasst uns gehen!   Lasst uns doch einfach
                           gehen!

Das   **Ayo kita pulang!**
Aufforderungswort *Na los! wir Heim-gehen*
ayo bedeutet   Lasst uns nach Hause gehen!
das gleiche wie
mari(lah).   Die Aufforderung, etwas nicht zu tun, drückt man mit jangan(lah) „unterlass!, nicht!" aus, das wie mari(lah) und ayo am Satzanfang steht.

Janganlah takut!   **Janganlah anda pergi!**
nicht! Angst   *nicht! du/Sie gehen*
Sei nicht ängstlich!   Geh(en Sie) nicht!

Bindewörter

Die Bindewörter benutzt man im Indonesischen wie im Deutschen:

dan - atau	und - oder
tetapi, tapi	aber
sedang, sementara	während
waktu, bila, masa	als
setelah, sesudah	nachdem
sebelum - sejak	bevor - seit
sampai, hingga	bis
sebab, karena	weil
kalau, jika, jikalau	wenn, falls
sebilang waktu	jedesmal wenn
karena itu	deswegen
sehingga	so dass
supaya (jangan)	damit (nicht)
untuk	um zu
meskipun,	obgleich
walaupun (demikian)	
yang	der/die/das, welche,-r,-s

atau ... atau pun
entweder ... oder

mana ... mana
sowohl...als auch

tidak ... melainkan
nicht ... sondern

Sesudah makan, saya hendak minum.
nachdem essen, ich möchten trinken
Nachdem ich gegessen habe, möchte ich
etwas trinken.

Saya tinggal, sebab
mau minum.
*ich bleiben, weil
möchten trinken*
Ich bleibe, weil ich
trinken möchte.

Mèskipun mahal, saya akan beli ini.
obwohl teuer, ich werden kaufen dies
Obwohl es teuer ist, werde ich dies kaufen.

Fragen

Fragen, die man nur mit „ja" oder „nein" beantworten kann, also sogenannte Entscheidungsfragen, bildet man, indem man den
Aussagesatz wie eine Frage ausspricht:

Mau tèh?   **Mau minum?**
wollen Tee   *wollen trinken*
Möchtest du Tee? Möchtest du etwas trinken?

Anda senang di Indonésia?
du wohl fühlen in Indonesien
Bist du gerne in Indonesien?

Umgangssprachlich wird gerne noch ein ya
„ja?" oder bukan „nicht, kein?" an den Schluss
des Satzes gestellt. Bei dieser Art der Frage-
stellung wird dann unbedingt eine positive
Antwort erwartet.

Anda senang di Indonésia, bukan/ya?
du wohl fühlen in Indonesien, nicht/ja
Du bist gerne in Indonesien, nicht wahr?

Desweiteren kann man Entscheidungsfragen
mit apakah „was?" am Satzanfang einleiten:

Apakah anda senang di Indonésia?
was-? du wohl fühlen in Indonesien
Bist du gerne in Indonesien?

Apakah anda akan datang?
was-? du werden kommen
Wirst du kommen?

Weiterhin hat man die Möglichkeit, das, wo-nach man fragt, stärker zu betonen, indem man den entsprechenden Satzteil an den Satzanfang stellt und eventuell -kah anhängt.

-kah wird in der Wort-für-Wort-Übersetzung durch „-?" gekennzeichnet.

Hasan sakit.	**Sakitkah Hasan?**
Hasan krank	*krank-? Hasan*
Hasan ist krank.	Ist Hasan *krank*?

Hasankah yang sakit?
Hasan-? welcher krank
Ist es Hasan, der krank ist?

Die positive Antwort auf eine Entscheidungs-frage kann lauten:

Ya!	**Betul! / Benar!**	**Memang!**
Ja!	Richtig! / Wahr!	In der Tat!

Eine andere Möglichkeit ist es, das wonach ge-fragt wurde zu wiederholen und statt -kah die betonende Endung -lah anzuhängen.

-lah wird in der Wort-für-Wort-Übersetzung mit „-!" gekennzeichnet.

Sakitlah!	**Hasanlah!**
krank-!	*Hasan-!*
Ja, krank ist er!	Ja, Hasan ist es!

Fragen

Sogenannte „Ergänzungsfragen" werden mit Fragewörtern eingeleitet, die am Satzanfang, aber auch am Satzende stehen können.

siapa?	wer?
(yang) mana?	welche(r, -s)?
apa?	was?
apa? *(nachgestellt)*	was für ein(e)?
apa gunanya?	wozu?
dengan apa?	womit?
untuk apa?	wofür?
dari apa?	woraus?
bagaimana?	Wie geht's?
berapa?	wie viel(e)?
mengapa?, kenapa?	warum?
mana bolèh?	wieso?
di mana?	wo?
dari mana?	woher?
ke mana?	wohin?
kapan?, bila?, bilamana?	wann?

Siapa nama?   **Apa(kah) itu? / Itu apa?**
wer Name   *was(-?) jenes / jenes was*
Wie heißt du?   Was ist das?

Buah apa itu?
Frucht was-für-eine jenes
Was ist das für eine Frucht?

Mau naik apa?
möchten fahren was
Womit möchtest du fahren?

Anda makan apa?
du essen was
Was isst du?

Apa artinya?
was Bedeutung -sein/-ihr
Was hat das für eine Bedeutung?

Siapa(kah) orang itu? / Orang itu siapa?
wer(-?) Mensch jenes / Mensch jenes wer
Wer ist jene Person?

Dia memanggil siapa?
er/sie rufen wer
Wen ruft er/sie?

Kapan ada bis ke Jakarta?
wann es-gibt Bus nach Jakarta
Wann fährt ein Bus nach Jakarta?

Kapal mana mau ke Bali?
Schiff welcher wollen nach Bali
Welches Schiff geht nach Bali?

Mau ke mana?
wollen nach wo
Wohin willst du?

Di mana rumahnya?
in wo Haus-sein/-ihr
Wo ist sein Haus?

Dari mana bis ini?
von wo Bus dies
Woher kommt dieser Bus?

Mit den Verhältniswörtern di, dari und ke hat man auch vielfältige Möglichkeiten, Ortsangaben zu bilden.

Für einige Fragen, die im Deutschen mit dem Fragewort „wie?" formuliert werden, wird im Indonesischen berapa? „wie viel?" verwendet:

Berapa harga?
wie-viel Preis
Wie teuer?

Berapa jam?
wie-viel Stunden
Wie lange?

Jam berapa?
Stunden wie-viel
Wie spät ist es?

Siapa tahu!
wie wissen
Wer weiß!

Berapa harga ke Jakarta?
wie-viel Preis nach Jakarta
Wie teuer ist es bis nach Jakarta?

Verneinung

Tidak verneint Eigenschaftswörter, Tätigkeitswörter und Hilfstätigkeitswörter:

Saya tidak mau makan.
ich nicht wollen essen
Ich möchte nicht essen.

tidak *„nicht, nein"*

Hari tidak hujan. **Ini tidak mahal.**
Tag nicht Regen *dies nicht teuer*
Es regnet nicht. Dies ist nicht teuer.

Sama sekali tidak!/Sekali-kali tidak!
alle ein-Mal nicht/einMal-Mal nicht
Ganz und gar nicht!, Überhaupt nicht!,
Unter keinen Umständen!

Beachte:
Die Antwort auf
eine Frage mit
Ada ...? *lautet*
Tidak ada.
„Es gibt nicht."
und nicht nur
tidak.

Oftmals ist es höflicher, statt tidak die abge-
schwächte Form kurang „weniger" zu wählen:

Itu kurang baik.
jenes weniger gut
Das ist weniger / nicht so gut.

Zur Aussprache von tidak: In einigen Gegenden verkürzt man das tidak auf tak oder ta. In
anderen Regionen sagt man nda, im Jakarta-
Dialekt nggak. Das „a" wird überall kurz gesprochen, wie in „ab". Es wird sicherlich keine
Schwierigkeit sein, herauszufinden, ob „ja" ya
oder „nein" tidak, tida, da, nda, tak, ta gemeint ist.

 **Verneinung**

Mit bukan werden ganze Sätze, Hauptwörter sowie persönliche und hinweisende Fürwörter verneint:

Ini bukan rumah.   **Ini bukan nasi saya.**
dies kein Haus   *dies kein Reis mein*
Dies ist kein Haus.   Dies ist nicht mein Reis.

Bukan ini, melainkan itu.
nicht dies, sondern jenes
Nicht dieses, sondern jenes.

belum (noch nicht) - **sudah** (schon)

Das Wörtchen belum scheint die gebräuchlichste Verneinung zu sein! Ich habe den Eindruck, dass es im Grunde keine Frage gibt, die man mit einem klaren „nein" beantworten könnte. Für die folgenden Fragen beispielsweise passt belum auf jeden Fall ausgezeichnet als Antwort. Möchte man jedoch die Antwort bejahen, muss man an dieser Stelle sudah „schon" sagen.

Sudah punya anak?
schon besitzen Kind
Hast du schon ein Kind?

Sudah pernah ke Sumatra?
schon jemals nach Sumatra
Bist du schon in Sumatra gewesen?

häufige verneinte Floskeln

tidak ada	nicht haben, nicht da sein	*nicht es-gibt*
tidak bolèh	nicht dürfen, nicht möglich	*nicht dürfen*
tidak bisa	nicht können	*nicht können*
tidak berani	sich nicht trauen	*nicht mutig*
tidak harus	nicht müssen	*nicht müssen*
tidak mau	nicht wollen	*nicht wollen*
tidak punya	nicht haben/besitzen	*nicht besitzen*
tidak suka	nicht mögen, nicht gern haben	*nicht mögen*
tidak usah	nicht benötigen	*nicht nötig (sein)*

Jangan (nein, nicht)

Jangan wird ausschließlich benutzt, um einen negativen Befehl auszudrücken:

Jangan pergi!
nicht gehen
Geh' nicht!

Verhältniswörter

Die wichtigsten Verhältniswörter (Präpositionen) sind ke, di und dari. Hiermit hat man vielfältige Möglichkeiten, weitere Verhältniswörter zu bilden. di drückt die Ortsangabe aus, ke die Richtung vom Sprecher weg und dari die Richtung zum Sprecher hin.

ke	zu, nach, bis, an, hin
untuk	für
di	in, auf, am, bei
sampai	bis (örtl. + zeitl.)
dari	von, seit, her
hingga/pada	in, an, auf, bei, zu
selain (dari)	außer
tanpa	ohne
sebagai ganti	anstatt
dengan	mit
di antara	zwischen
tentang	über

Folgende Ortsangaben müssen mit di, ke oder dari kombiniert werden:

sini - situ/sana	hier - da / dort
antara	zwischen
pada	in, an, auf, bei, zu
segi/sisi	Seite
sebelah	eine Seite, neben
muka	Vorderseite

hadapan	Front
atas	Oberseite
bawah	unten
belakang	Rückseite
luar	außen
depan	vorne
dalam	Inneres
téngah	Mitte, Hälfte
mana	welche(r, -s)
kiri/kanan	links/rechts
samping	neben

Kapal itu akan singgah di sana.
Schiff jenes wird einlaufen in dort
Das Schiff wird dort einlaufen.

Kapan kapal itu akan ke sana?
wann Schiff jenes wird nach dort
Wann wird das Schiff ablegen

Keréta api ini ke Bandung?
Wagen Feuer dies nach Bandung
Geht diese Eisenbahn nach Bandung?

Lokèt di mana?
Schalter in wo
Wo ist der Schalter?

di sini - di sana	hier - dort
di dalam	in, innerhalb
di téngah	in der Mitte
dari sana	von dort
ke sana	dorthin

 **Verhältniswörter**

ke belakang	nach hinten
di dekat	nah
di pada	bei
di sebelah	neben
ke pada	nach/zu jemandem
di antara	zwischen, mitten
di atas	oben, auf
di bawah	unten, drunter
di depan	vor

Di situ ada kah juga kamar kecil?
in da es-gibt-? auch Zimmer klein
Gibt es da auch eine Toilette?

Kain itu dari sutera.

Ein Satz, *Stoff jenes aus Seide*
den man ständig Dieser Stoff ist aus Seide.
benötigt, ist:

Saya mau dari sini ke ... **Buku ini tentang Bahasa Indonésia.**
Ich möchte von hier *Buch dies über Sprache Indonesien*
nach ... Dies ist ein Buch über die indonesische
Sprache.

tanpa (ohne)

kopi tanpa gula   Kaffee ohne Zucker

Die sorgfältige Aussprache ist bei tanpa sehr
wichtig, denn tambah heißt nämlich „plus"
bzw. „mehr". Gerade beim Kaffeebestellen
kann das unangenehm sein. Anstelle von gar
keinem Zucker kann man leicht eine Überdo-
sis im Kaffee haben.

Zahlen & Zählen

Gerade der Reisende befindet sich ständig in Situationen, die mit Handeln, Kaufen und Bezahlen zu tun haben: im toko – „Geschäft“, auf dem pasar – „Markt“, im bis – „Bus“, im losmèn – „Pension“,, im rumah makan – „Restaurant“, am warung – „Essensstand“.

In touristischen Gegenden ist es üblich, von Touristen mehr Geld zu verlangen als von Einheimischen. Dabei handelt es sich nicht nur um ein „Trinkgeld“, sondern oftmals um einen 10- bis 100fachen Preis. Wer aber die Zahlen kennt, kann bei Preisabsprachen zuhören oder durch Nachfragen bei Unbeteiligten den richtigen Preis herausfinden.

angka = *„die Zahl“ ist ein sehr wichtiges Wort.*

0	nol	5	lima	10	sepuluh
1	satu	6	enam	11	sebelas
2	dua	7	tujuh	12	dua belas
3	tiga	8	delapan	13	tiga belas
4	empat	9	sembilan	14	empat belas

...usw.

20	dua puluh	
21	dua puluh satu	*(zwei -zig eins)*
30	tiga puluh	*(drei -zig)*
31	tiga puluh satu	*(drei -zig eins)*
40	empat puluh	*(vier -zig)*
50	lima puluh	*(fünf -zig)*
55	lima puluh lima	*(fünf -zig fünf)*
60	enam puluh	*(sechs -zig)*

Zahlen & Zählen

Beachte:
satu *„eins" wird in*
Zusammensetzungen
zu se-*! Also*
seribu *und nicht*
„satu ribu",
seratus *und nicht*
„satu ribu", etc.

100	**seratus** *(ein-hundert)*
200	**duaratus** *(zwei-hundert)*
300	**tigaratus** *(drei-hundert)*

1000	**seribu** *(ein-tausend)*
2000	**dua ribu** *(zwei Tausend)*
3000	**tiga ribu** *(drei Tausend)*
10.000	**sepuluh ribu** *(zehn Tausend)*
100.000	**seratus ribu** *(ein-hundert Tausend)*
1.000.000	**sejuta** *(eine-Million)*

**seratus enam puluh lima ribu tujuh ratus
empat puluh tiga**
= 165.743

belas	-zehn	**puluh**	-zig
ratus	-hundert	**ribu**	-tausend
juta	-million	**-milliar(d)**	-milliarde

Umgangssprachlich werden sowohl 150 Rp. wie auch 1500 Rp. mit satu setèngah *„eins einhalb"* bezeichnet. 1150 Rp. heißen z.B. auch seribu satu seténgah *„tausend eins einhalb"*.

Die Vorsilbe se- kommt übrigens überall vor. Zum einen ist sie die abgekürzte Form für „eins" und verdoppelt kann sie Unbestimmtheit ausdrücken wie „irgendein".

seorang demi seorang
ein-Mensch für ein-Mensch
einer nach dem anderen

seseorang
ein-ein-Mensch
irgendeiner

Zahlenangaben kann man durch folgende voran gestellte Ausdrücke ungenau machen:

kira-kira	ungefähr
kurang lebih,	weniger mehr,
lebih kurang	mehr weniger
sekitar	etwa, ungefähr

kurang lebih /
lebih kurang
bedeutet auch:
„*mehr oder weniger*"

Kira-kira dua ribu rupiah cukup.
ungefähr zwei tausend Rupien genug
2000 Rupien ungefähr genügen.

1/2	**setèngah, separuh**	*eine-Hälfte*, einhalb
1/4	**seperèmpat**	ein-für-vier
3/4	**tiga perèmpat**	drei für-vier
1 1/2	**satu setèngah**	eins eine-Hälfte

Bruchzahlen

sepuluh persèn / sepuluh dalam seratus
zehn Prozent / zehn in ein-hundert
zehn Prozent

Prozentzahlen

1.	**pertama**	erstens
2.	**kedua**	zweitens
3.	**ketiga**	drittens
4.	**keèmpat**	viertens usw.

abgeleitete Zahlwörter

1.	**yang pertama**	erste(r, -s)
2.	**yang kedua**	zweite(r, -s)
3.	**yang ketiga**	dritte(r, -s)
4.	**yang keèmpat**	vierte(r, -s)

Zahlen & Zählen

Bis yang kedua.
Bus welcher zweitens
Der zweite Bus.

Tiga kali sehari ada bis.
drei Mal ein-Tag es-gibt Bus
Dreimal täglich gibt es einen Bus.

(untuk) pertama kali	**(untuk) kedua kali**
(für) 1. Mal	*(für) 2. Mal*
zum ersten Mal	zum zweiten Mal

sekali	**dua kali**	**tiga kali**	**empat kali**
einmal	zweimal	dreimal	viermal

berdua	**bertiga**
zu zweit	zu dritt

Grundrechenarten		
ditambah - (di)kurang(i)	plus - minus
kali - dibagi	mal - geteilt durch
sama dengan	ist gleich
jumlah	Summe

unbestimmte Mengenangaben		
sedikit	wenig(e), ein bisschen
berbagai	allerlei, verschiedene
banyak	viel(e)
seluruh	der/die/das Ganze
beberapa	einige
semua, segala, sekalian	alle
tiap, setiap, masing masing	jede(r,-s)

Die meisten der unbestimmten Mengenangaben stehen vor dem Hauptwort, auf das sie sich beziehen. Banyak, sedikit sowie masing-masing können vor oder nach dem Hauptwort stehen.

Banyak uang.	**Setiap hari saya di sini.**
viel Geld	*jeden Tag ich in hier*
Viel Geld	Jeden Tag bin ich hier.

Kategoriewörter & Zählen

Wie fast alle Asiaten benutzen Indonesier in Verbindung mit Zahlen oft Kategoriewörter (Hilfszählwörter). Also nicht einfach nur gelegentlich „Stück" wie bei uns, sondern ein Wort, das den gezählten Gegenstand in Bezug auf seine Form oder Eigenschaft näher beschreibt. So sagt man im Indonesischen nicht „fünf Eier", sondern lima butir telur *„fünf Körner Eier"*, da Eier rund und relativ klein, eben so ähnlich wie Körner sind.

Die Kategorie- oder Hilfszählwörter können nur teilweise auch als selbständige Hauptwörter verwendet werden. Hier die wichtigsten:

orang	für Menschen	*Mensch*
èkor	für Tiere	*Schwanz*
burung	für Vögel	*Vogel*
batang	für Bäume, Pflanzen und auch längliche Dinge (z. B. Zigaretten)	*Stamm*

# Zahlen & Zählen

Knospe	**kuntum**	für Blumen
Frucht	**buah**	für Früchte und andere größere Gegenstände von frucht-ähnlicher Gestalt, aber auch für Dinge von plumper und eher unbestimmbarer Gestalt (z. B. Schiffe, Häuser, Berge, Städte, Länder, oft auch für abstrakte Begriffe)
Korn/Kern	**butir/biji**	für kleine, runde Gegenstände (z. B. Eier, Reis, Mango)
Faden, Strähne, Blatt	**lembar**	für alle flachen dünnen Gegenstände wie Papier, Bretter, Stoff)
Stück, Streifen	**carik**	für Papier
Fläche	**bidang**	für Landflächen

tujuh buah rumah
sieben Frucht Haus
sieben Häuser

tiga èkor ayam
drei Schwanz Huhn
drei Hühner

enam butir telur
sechs Korn Ei
sechs Eier

empat orang murid
vier Mensch Schüler
vier Schüler

Lauten Hilfszählwort und das Gezählte jedoch gleich, wird das Hilfszählwort in der Regel nicht noch einmal wiederholt.

seorang Jèrman
ein-Mensch Deutsch
ein/e Deutsche/r

Uhr-, Tages- & Jahreszeit

Bei der Frage nach der Uhrzeit ist berapa? „wie viel?" nachgestellt. Fragt man hingegen nach einem Zeitabschnitt, ist berapa vorangestellt.

Jam / pukul berapa?	**Berapa jam?**
Stunde / schlagen wie-viel	*wie-viel Stunde*
Wie spät ist es?	Wie viele Stunden?

Jam sembilan.	**Jam setèngah delapan.**
Stunde neun	*Stunde halb acht*
Es ist 9 Uhr.	Es ist 7 Uhr 30.

Möchte man eine Uhrzeit genau angeben, benutzt man pukul „schlagen". Jam pukul sembilan bedeutet „Stunde schlagen neun", also „pünktlich neun Uhr". Mit kurang „weniger" drückt man aus, wie viele Minuten an einer vollen Stunde fehlen, mit lewat „vorbei", wie viele Minuten nach der vollen Stunde verstrichen sind.

Im Indonesischen wird die Stunde immer vor den Minuten genannt.

Jam tiga kurang dua puluh ménit.
Stunde drei weniger zwei -zig Minuten
Es ist 2 Uhr 40.

Jam empat lewat sepuluh ménit.
Stunde vier vorbei zehn Minuten
Es ist 4 Uhr 10.

„Kurz nach ..." wird mit lebih „mehr" ausgedrückt, für „kurz vor ..." verwendet man kurang
„weniger".

Jam tiga lebih.   **Jam tiga kurang.**
Stunde drei mehr   *Stunde drei weniger*
Kurz nach drei Uhr.   Es ist kurz vor drei.

Eine sehr spezielle Zeiteinheit ist jam karèt
„Stunde Gummi", also die „Gummizeit".
Welche Bedeutung dieser Ausdruck hat, lässt
sich leicht erraten. Flug- und Zugpläne
werden pünktlichst eingehalten, in der Regel
auch Kinoprogramme. Auch Langstrecken-
busse fahren bis auf plus/minus eine halbe
Stunde zur angegebenen Zeit ab. Persönliche
Verabredungen fallen ganz eindeutig unter
jam karèt. Bei Familienfesten sollte man zwar
pünktlich erscheinen, was aber nicht heißt,
dass sie auch wirklich zur angegebenen
Stunde beginnen. Fragt man nach, wann es
denn nun endlich losgeht, sind folgende Antworten möglich:

sebentar	gleich
	= sofort bis 3 Stunden
nanti	später
	= sofort bis überhaupt nicht
sudah	schon
	= schon weg, vielleicht auch nicht

Datum

Mit nachgestelltem berapa? „wie viel?" fragt man nach dem Datum und nach einem bestimmten Jahr. Nach einem bestimmten Tag oder Monat hingegen mit nachgestelltem apa? „was für ein?"

Tanggal berapa?
Datum wie-viel
Welches Datum haben wir?

Tahun berapa?
Jahr wie-viel
Welches Jahr? /
In welchem Jahr?

Hari apa?
Tag was-für-ein
Welcher /
an welchem Tag?

Bulan apa?
Monat was-für-ein
Welcher /
in welchem Monat?

bulan Mèi
Monat Mai
Mai

hari Rabu
Tag Mittwoch
Mittwoch

Die Antwort ist dann die konkrete Zeitangabe. Beim Datum wird lediglich die Grundzahl, empat, *nicht die Ordnungszahl,* keèmpat, *verwendet.*

tanggal empat Januari
Datum vier Januar
4. Januar

tahun seribu sembilan ratus sembilan puluh lima
Jahr ein-tausend neun hundert neun-zig fünf
(im) Jahr 1995

„Am" Mittwoch oder „im" Monat Mai wird durch ein vorangestelltes pada ausgedrückt.

pada = *in, im, am, bei, zu, nach*

pada hari Rabu		**pada bulan Mèi**	
am Tag Mittwoch		*im Monat Mai*	
am Mittwoch		im Mai	

détik	Sekunde	**minggu**	Woche
hari	Tag	**bulan**	Monat
ménit	Minute	**tahun**	Jahr
jam	Stunde	**tanggal**	Datum

Monate

Januari	Januar	**Juli**	Juli
Pébruari	Februar	**Augustus**	August
Marèt	März	**Sèptèmber**	September
April	April	**Oktober**	Oktober
Mèi	Mai	**Nopèmber**	November
Juni	Juni	**Désèmber**	Dezember

Den Monatsnamen stellt man oft bulan voran.

Wochentage

hari Minggu	Sonntag
hari Senén/Senin	Montag
hari Selasa	Dienstag
hari Rabu	Mittwoch
hari Kamis	Donnerstag
hari Jumat	Freitag
hari Sabtu	Samstag
malam minggu *Nacht Woche*	Wochenende
hari raya	Feiertag
hari biaga	Wochentag

Tagesabschnitte

pagi	6 - 11 Uhr
siang	11 - 15 Uhr
soré, petang	15 - 18 Uhr
malam	(alle dunklen Stunden)

Die Tagesabschnitte werden einfach mit den Wochentagen kombiniert:

Senén pagi   Montag Morgen
Rabu soré   Mittwoch Nachmittag

Der Abend kann auf zweierlei Art ausgedrückt werden, entweder durch Wochentag + Tagesabschnitt oder durch Tagesabschnitt + dem folgenden Tag, im übertragenen Sinn „der Abend zum nächsten Tag"):

Senén malam	**malam Selasa**
Montag Abend	*Abend Dienstag*
Montag abend	Montag abend
	(Abend zum Dienstag)

Beachte aber: nanti pagi für „heute Morgen" *ist nicht gebräuchlich. Statt dessen sagt man* pagi ini „dieser Morgen", *oder* tadi pagi „vorher Morgen".

nanti „bald, nachher, später" und tadi „vorhin, soeben", kombiniert mit Tagesabschnitten, zeigen den gegenwärtigen Standpunkt des Sprechers an, z. B. ob „heute Mittag" noch vor oder schon hinter ihm liegt:

nanti / tadi siang   heute Mittag
nanti / tadi soré   heute Nachmittag

allgemeine Zeitangaben

hari ini	*Tag dieser*	heute
kemarin		gestern
kemarin dulu	*gestern vorherig*	vorgestern
besok		morgen
lusa		übermorgen

sebentar	gleich
baru saja	im Moment
sekarang	jetzt
tadi	früher, vorhin
sudah	schon
nanti	später, nachher
pagi-pagi	frühmorgens
soré	nachmittags
malam hari	abends
sehari-harian	tagsüber
setiap hari *jeder Tag*	täglich
setiap minggu *jede Woche*	wöchentlich
minggu-minggu lamanya	wochenlang
setiap tahun	jährlich
sehari-hari	tagtäglich
téngah malam *Mitte Nacht*	Mitternacht

Konkrete Zeitangaben werden auch mit yang lalu „welche/r vergangen" bzw. yang akan datang „welche/-r/-s wird kommen", depan „nächst, zukünftig" oder lagi „noch" ausgedrückt:

dua hari / seminggu yang lalu
zwei Tage / eine Woche welcher vergangen
vor zwei Tagen / einer Woche

minggu yang lalu
Woche welcher vergangen
letzte Woche

tahun yang lalu
Jahr welcher vergangen
letztes Jahr

(masih) dua hari lagi
(noch) zwei Tage noch
in zwei Tagen

minggu depan
Woche zukünftig
nächste Woche

minggu yang akan datang
Woche welcher werden kommen
nächste Woche

„Von … ab/an" oder „seit" wird mit dari „von",
„bis" mit hingga „bis" oder sampai „bis, ankommen" umschrieben:

dari hari ini	von diesem Tag an	*von Tag dieser*
dari kecil	von klein auf	*von klein*
dari sekarang	ab jetzt	*von jetzt*
hingga/	bis jetzt	
sampai sekarang		
dari sekarang sampai	bis/bis jetzt	*von jetzt bis*

musim kemarau/kering	**musim hujan**	**Jahreszeiten**
Jahreszeit trocken	*Jahreszeit Regen*	
Trockenzeit	Regenzeit	

musim semi	*Jahreszeit Schößling*	Frühling	**europäische**
musim panas	*Jahreszeit heiß*	Sommer	**Jahreszeiten**
musim rontok	*Jahreszeit abfallen*	Herbst	
musim dingin	*Jahreszeit kalt*	Winter	
musim salju	*Jahreszeit Schnee*		

Musim hujan sudah mulai?
Jahreszeit Regen schon anfangen
Ist die Regenzeit schon angefangen?

Ya, setiap hari hujan.
ja, jeder Tag Regen
Ja, es regnet jeden Tag.

Kurz - Knigge

Die linke Hand gilt als „unrein", da man sie anstelle von Toilettenpapier benutzt. Um Menschen zu begrüßen, zu berühren, zum Essen, um etwas anzunehmen oder weiterzugeben wird ausschließlich die rechte Hand benutzt. Die linke Hand zu geben wäre eine Beleidigung. Wenn mit Fingern gegessen wird, legt man seine linke Hand in den Schoß und „vergisst" sie am besten.

Die Füße sind der „unsauberste" Teil des Körpers. Es ist sehr unhöflich, beim Sitzen die Fußsohlen auf eine Person zu richten. Die Füße auf den Tisch zu legen wäre ein Affront. Angebracht ist der Schneidersitz. Befindet man sich in vollen Bussen, auf Fähren oder in ähnlichen Situationen, lässt sich diese Regel jedoch oft nicht einhalten.

Die Schuhe sollten beim Betreten eines Wohnhauses, oft sogar Geschäften, ausgezogen werden. Steht ein Wasserbehälter am Eingang eines Hauses oder einer Moschee, wäscht man sich den Staub von den Füßen.

Überhebliche und aggressive Gesten sind: Mit einem Finger direkt auf eine Person zu zeigen, insbesondere bei einem Gespräch, die Arme vor der Brust zu verschränken oder die Hände in die Hüften zu stemmen. Das sind alles Posen, die bei uns üblich, aber nicht unbedingt aggressiv belegt sind.

Religion & Islam

Zu behaupten, nicht an einen Gott zu glauben, ist ebenfalls ein „Fauxpas". Außerdem gerät man leicht in den Verdacht, Kommunist zu sein.

Respektiere die Gebetszeiten! Fremde sollte man stets vor 18.00 Uhr (Zeit des Abendgebetes) besuchen. Zur Zeit des Fastenmonats sollte man nicht nicht in Gegenwart von Moslems essen oder rauchen, denn das ist von Sonnenauf- bis Sonnenuntergang untersagt.

Das Essen von Schweinefleisch ist laut Koran verboten. Auf keinen Fall sollte man einen Moslem nötigen, in einem chinesischen Restaurant zu essen. Wenn man einen Moslem zum Essen einladen will, sollte man ihn das Restaurant aussuchen lassen. Auch das Trinken von alkoholischen Getränken ist untersagt. Während man den Koran liest, wird nicht getrunken oder geraucht. Niemals ein anderes Buch auf den Koran legen!

Lächeln

Die Indonesier lächeln gerne (fast) immer und (fast) überall - es ist einen Versuch wert. Bei uns im Westen ist es nicht üblich, jeden anzulächeln, aber in Indonesien kann man es lernen. Es gibt ein gutes Gefühl. Allerdings bedeutet ein Lächeln nicht unbedingt, dass mir mein Gegenüber auch wohlgesonnen ist!!!

Das Herbeiwinken mit der Hand erfolgt nicht wie bei uns mit dem Handrücken nach unten, sondern genau umgekehrt, nämlich mit dem Handrücken nach oben. Für uns sieht das im ersten Moment wie wegscheuchen aus. Die europäische Art, jemanden herbeizuwinken, wird einfach nicht verstanden.

In Privaträumen, Restaurants, Zügen etc. kann man beobachten, wie Indonesier eine gebeugte Haltung einnehmen und mit vorge-

haltener Hand an anderen Personen vorbei-
huschen. Es handelt sich um ein Zeichen der
Ehrerbietung. Man will den Kopf nicht höher
tragen als der Gast, der Ältere oder die Re-
spektsperson. Gleichzeitig sagt man dazu Permisi! „Entschuldigung!". Für uns Gäste reicht
es, wenn wir diese Haltung nur andeuten. Diese Regel gilt vor allem bei Privatbesuchen.

Ärger

Wutausbrüche und Schreien sind völlig un-
verständliche Verhaltensweisen: Man zeigt
seine Wut nicht. Nur Kinder verlieren die
Selbstkontrolle und schreien. Wer sich nicht
beherrschen kann, verliert sein Gesicht! Die
Reaktion des Gegenübers ist Distanz und
Unverständnis.

Kleidung

Als Frau empfiehlt es sich, „anständig" gekleidet zu sein, d. h. langer, undurchsichtiger
Rock, Kleid, Bluse, BH, Hose, alles nicht zu
eng. Selbst bei vollständiger Kleidung kann es
passieren, dass man belästigt wird. Frauen
gelten als „Freiwild", wenn Sie nur dürftig
bekleidet herumlaufen - auch in männlicher
Begleitung. Das Bild der weißen Frau ist
geprägt von amerikanischen Sex- & Crime-
Filmen im Kino oder Fernsehen. Geschichten
von Frauen, die nur auf einen One-Night-
Stand aus sind, kursieren mittlerweile überall.
Die Gründe dafür findet man in Touristen-
hochburgen wie Kuta (Bali). Dort ist männliche
Prostitution, genauso wie weibliche, alltäglich.
In untouristischen Gegenden ist es sinnvoll,
zumindest als Frau, eine sinnvolle Erklärung
für das Alleinreisen bereitzuhalten, wie zum

Beispiel, verheiratet zu sein (seit 3 Monaten) und noch keine Kinder zu haben. Selbst „anständig gekleidet" und „verheiratet" wurde ich noch oft genug „angepackt". Wenn es mir zu bunt wurde, habe ich mir Luft gemacht, indem ich deutsche Schimpf- und Fluchtiraden auf die Schuldigen losließ - das wurde komischerweise auch verstanden. Niemals nackt oder oben-ohne sonnenbaden!!

Für allein reisende Frauen ist es ohnehin empfehlenswert, sich immer, egal mit welchen Fragen, an indonesische Frauen zu wenden. Damit stellt man von vornherein das Desinteresse an Männern klar.

Männer sollten nicht in kurzen Hosen herumlaufen. Die kurze Hose ist ein Bekleidungsstück für sehr arme oder arbeitende Männer. Zu dieser Kategorie gehört der weiße Tourist wohl kaum, denn er konnte sich immerhin ein Flugticket nach Indonesien leisten. Reiche Indonesier tragen auch, kurze Hosen, allerdings ausschließlich als Freizeitbekleidung. Man sollte auch als männlicher Gast immer abwägen, ob die Bekleidung dem Anlass oder der Situation angemessen ist, wenn man darauf Wert legt, ernst genommen zu werden.

Öffentlich als Liebespaar aufzutreten, also Arm in Arm gehen, Händchen halten oder Küsse austauschen, gehört sich nicht, es gilt als anstößig. Allerdings ist es üblich, dass gleichgeschlechtliche Freunde Hand halten oder Arm in Arm gehen. Das ist kein Zeichen von Homosexualität.

Anrede- & Höflichkeitsfomen

Wie alle Asiaten legen auch die Indonesier sehr viel Wert auf Höflichkeit. Man sollte also wichtige Begrüßungsformein und Anreden lernen und anwenden.

Tuan	Herr
Bapak, Pak	Vater
Nyonya, Ibu, Bu	Frau
Nona	Fräulein
Ibu	Mutter
Kakak	ältere Schwester
Adik	jüngere Schwester, Bruder
Abang	älterer Bruder

Bu *oder* Ibu, Pak *oder* Bapak *und auch* Nyonya *oder* Nona *werden auch zusammen mit dem Namen verwendet:* Ibu Putu, Pak Hamsa *usw.*

Alles sind gebräuchliche Anredemöglichkeiten. Dabei gibt es aber ein paar Kleinigkeiten zu berücksichtigen: Ab und zu wird man mit Tuan „hoher Herr" angeredet. Tuan ist ein Überbleibsel aus der niederländischen Kolonialzeit. Weiße wurden mit diesem Titel angeredet. Unter Indonesiern ist die übliche Anrede Bapak, Pak „Vater" oder Ibu, Bu „Mutter". Dies ist eine ehren- und respektvolle Anrede. Man verwendet sie in der Regel Männern und Frauen gegenüber, die älter sind als man selbst, bzw. älter als 25 Jahre.

Auch Berufsbezeichnungen kann man zur Anrede benutzen: Dirèktor, Doktèr.

Grüßen & Verabschieden

Mit selamat, was soviel wie „Glück, Wohl-stand, Gesundheit" bedeutet, werden alle möglichen Grußformen gebildet. Hier die Standardmöglichkeiten:

Selamat pagi!	Guten Morgen!
Selamat siang!	Guten Mittag!
Selamat soré!	Guten Nachmittag!
Selamat malam!	Guten Abend!
Selamat datang!	Herzlich willkommen!

Man kann selamat aber auch mit anderen Wörtern kombinieren, wie Selamat makan! „Guten Appetit!", Selamat bekèrja! „Gutes Ar-beiten!" oder auch Selamat membaca! „Gutes Lesen!".

Bekannte und	**Apa kabar?**	**Kabar baik!**	**Baik-baik saja!**
Freunde begrüßt man	*was Nachricht*	*Nachricht gut*	*gut-gut bloß*
weniger formell.	Wie geht's?	Gut!	Es geht mir gut!

verabschieden

Der Bleibende sagt:	**Selamat jalan!**	Guten Weg!
Der Gehende sagt:	**Selamat tinggal!**	Gutes Hierbleiben!
Auch am Telefon:	**Sampai bertemu lagi!**	Auf Wiedersehen!
wörtl: bis uns-treffen	**Sampai (ber)jumpa lagi!**	Auf Wiedersehen!
noch		
	Da'da	Mach's gut!
Zu Kindern:	**Selamat tidur!**	Guten Schlaf!

Bitten, Danken & Wünschen

Das deutsche Wort „bitte" hat viele Bedeutungen, für die es im Indonesischen verschiedene Wörter gibt:

silahkan	höfliche Aufforderung
tolong	als Verstärkung beim Bitten: „Helfen Sie mir bitte!"
minta	um etwas bitten
mohon	bitten, ersuchen
mohon ma'af	Entschuldigung erbitten
Ma'af.	Entschuldigung.
Permisi dulu.	Entschuldigung. (im Sinne von „Gestatten Sie?")

Minta uang! = *„bitte-um Geld"*

🔊 **Silahkan duduk!**
bitte sitzen
Bitte setzen Sie sich/setz dich!

Permisi dulu. *sagt man auch zu den Bleibenden, wenn man den Raum verlässt.*

🔊 **Apa?/ Bagaimana? / Apa maksud Pak?**
was/wie/was Absicht Herr
Wie bitte?

🔊 **Permisi dulu, saya harus pulang.**
Entschuldigung früher, ich müssen Heim-gehen
Entschuldigung, ich muss nach Hause gehen.

minta heißt zwar auch „betteln", wird aber auch anstelle von „möchten" im alltäglichen Sprachgebrauch benutzt.

Minta satu tèh.
bitten-um ein Tee
Ich möchte einen Tee.

Fragen um Hilfe oder Informationen werden wie folgt eingeleitet:

Permisi dulu, Pak/Ibu, saya minta tolong!
Entschuldigung früher, Vater/Mutter,
ich bitten-um helfen
Entschuldigen Sie bitte, ich bitte um Ihre Hilfe!

Selbst um nach dem Datum oder der Uhrzeit zu fragen oder wenn man nur den Raum verlassen will, „gehört es sich", den Satz mit per-misi dulu ... einzuleiten. Wenn man etwas ganz Schreckliches gemacht hat, also jemanden beleidigt hat o. ä., ist es angebracht, die höflichste Formulierung mohon ma'af zu benutzen.

Saya mohon ma'af.
ich ersuchen Entschuldigung
Ich bitte tausendmal um Entschuldigung, es tut mir schrecklich Leid.

danken

Terima kasih (banyak)!
erhalten Zuneigung (viel)
Vielen, herzlichen Dank!

Tidak, terima kasih.
nein, erhalten Zuneigung
Nein danke.

kasih bedeutet alles von „Geneigtheit, Zuneigung, Gunst" bis hin zur „Liebe". Terima kasih bedeutet also sinngemäß: „Ich habe Liebe bzw. Zuneigung erhalten." oder besser gesagt: „Ich nehme deine/Ihre Zuneigung an". Die möglichen Antworten darauf lauten:

Kembali.	**Sama-sama.**	**Tidak apa-apa.**
zurück	*gleich-gleich*	*nicht was-was*
Gleichfalls.	Ebenfalls.	Keine Ursache.

wünschen

Salam hangat! / Selamat!	Alles Gute!
Selamat!	Viel Glück!
Semoga lekas sembuh!	Gute Besserung!
Selamat tahun baru!	Glückliches neues Jahr!

Das erste Gespräch

Wer bereits ein wenig Indonesisch spricht, wird feststellen, wie gerne Indonesier sich unterhalten. Meistens bekommt man immer wieder die gleichen, unten aufgeführten Fragen gestellt. Für uns ist es ungewöhnlich, von Fremden so persönliche Fragen gestellt zu bekommen, jedoch in Indonesien ist das ein durchaus höfliches Gespräch. Außerdem sind diese „Small-Talks" eine gute Möglichkeit, seine Indonesisch-Kenntnisse anzuwenden und zu erweitern.

Wem persönliche Fragen unangenehm sind, kann versuchen, auszuweichen oder sie zuerst zu stellen.

Mau ke mana? **Mau jalan-jalan saja.**
wollen nach wo *wollen spazieren-gehen bloß*
Wohin willst du? Ich will nur spazieren gehen.

Wer zum hundertsten Mal an einem Tag gefragt wird: Mau ke mana?, aber keine Lust hat, ernsthafte Anworten zu geben, kann mit folgenden netten Erwiderungen sein Gegenüber zum Lächeln bringen:

makan angin	den Wind essen
cari angin	den Wind suchen
cuci mata	die Augen waschen

Sudah bisa bicara bahasa Indonésia?
schon können sprechen Sprache indonesisch
Kannst du schon Indonesisch?

🔊 **Belum, sedikit saja.**
noch-nicht, bisschen bloß
Noch nicht, nur ein bisschen.

🔊 **Sudah berapa lama di sini?**
schon wie-viel lange in hier
Wie lange bist du schon hier?

🔊 **Sudah tiga bulan.**
schon drei Monate
Schon drei Monate.

🔊 **Sudah bisa makan nasi?**   **Sudah bisa.**
schon können essen Reis   *schon können*
Kannst du schon Reis   Kann ich schon
essen?   vertragen.

🔊 **Nama saya Wayan. Siapa namamu?**
Name ich Wayan. wer Name-du
Mein Name ist Wayan. Wie heißt du?

🔊 **Nama saya Gunda.**
Name ich Gunda
Mein Name ist Gunda.

🔊 **Umur anda berapa (tahun)?**
Lebensalter du wie-viel (Jahr)
Wie alt bist du?

🔊 **Umur saya tiga puluh (tahun).**
Lebensalter ich drei -zig (Jahr)
Ich bin dreißig Jahre (alt).

 **Das erste Gespräch**

Anda dari mana?　　**Saya dari ...**
du von wo　　　　　　*ich von ...*
Woher kommst du?　　Ich komme aus ...

Di mana tinggal?
in wo bleiben
Wo wohnst du?

(Land) deutsch	**(negara) Jèrman**	Deutschland
(Land) holländisch	**(negeri) Belanda**	den Niederlanden
(Land) Österreich	**(negeri) Austria**	Österreich
(Land) schweizerisch	**(negara) Swiss**	der Schweiz

Pekèrjaan anda apa?　　**Pekèrjaan saya ...**
Beruf du was　　　　　　　*Beruf ich ...*
Was bist du von Beruf?　　Ich bin von Beruf ...

	pegawai	Angestellte/-r
	pekèrja	Arbeiter/-in
	doktèr	Arzt/Ärztin
	petani	Bauer
	usahawan /	Geschäftsmann/
	usahawati	-frau
	tukang	Handwerker
	pembantu rumahtangga	Hausangestellte
	ibu rumahtangga	Hausfrau
	insinyur, ahli teknik	Ingenieur
pelajar	**wartawan/wartawati**	Journalist/-in
kann bedeuten	**pengajar, guru**	Lehrer/-in
Lehrling, Schüler,	**penjahit**	Schneider/-in
oder Student	**murid**	Schüler/-in
	mahasiswa /	Student/-in
	mahasiswi	

🗩 **Sudah kawin?**   **Ya, sudah tiga tahun.**
schon heiraten   *ja, schon drei Jahre*
Bist du schon   Ja, schon drei Jahre.
verheiratet?

🗩 **Sudah punya anak?**   **Ya, sudah dua puluh.**
schon besitzen Kinder   *ja, schon zwei -zig*
Hast du schon Kinder?   Ja, schon zwanzig.

Allgemeines Erstaunen, dann Lachen.

🗩 **Saya tidak mengèrti.**
ich nicht verstehen
Ich verstehe dich nicht.

🗩 **Saya belum mengèrti maksud anda.**
ich noch-nicht verstehen Absicht dein
Ich habe deine Absicht noch nicht verstanden.

Herzensangelegenheiten

Wer gerne „Herz- und Schmerzvokabeln lernen möchte, sollte dringend indonesische lagu pop „Popsongs" hören! Bedudelt wird man damit in Bussen. Kaufen kann man diese wundervollen Ergüsse auf dem Markt oder im Musikshop.

	cinta	Liebe
	céwèk	„Mieze" (Mädchen)
	cowok	„Macker" (Junge)
	pacar	Geliebte, -r (Partner)
auch: beischlafen!	**kawin**	verheiratet
offiziell	**nikah**	verheiratet
Brief Liebe	**surat cinta**	Liebesbrief
Erklärung Liebe	**pernyataan cinta**	Liebeserklärung
Kontakt Liebe	**hubungan cinta**	Liebesverhältnis
gebrochen Herz	**patah hati, susah hati**	Liebeskummer
suchen Mädchen	**cari céwèk**	Frauen „aufreißen"
Huhn Dorf	ayam kampung	Mädchen vom Lande
Falter Nacht	**kupu-kupu malam**	Prostituierte
	cium, kucup	Kuss
	mencium, mengucupi	küssen
Mond Honig	**bulan madu**	Flitterwochen

Dia pergi cari céwèk.
er gehen suchen Frau
Er geht los „Frauen suchen".

Sudah punya pacar?
schon besitzen Freund/in
Hast du schon eine/n Freund/in?

Aku cinta padamu.   **Sayangku.**
ich lieben hin-zu-du   *stolz-sein-du*
Ich liebe dich.   Mein Schatz.

Die verbreitete Frage nach dem Ehestand: Su-   *Klar, dass der hier*
dah kawin? kann man (jedoch nur als Mann)   *angeführte Scherz*
mit folgendem doppeldeutigen Wortspiel be-   *nur gegenüber*
antworten: *Gleichrangigen*
                                                      anzuwenden ist!

Sudah sering, tetapi belum nikah.
schon oft, aber noch-nicht heiraten

Floskeln & Redewendungen

Apa kabar?	Wie geht's?	*was Nachricht*
Kabar baik.	Gut. (Antwort)	*Nachricht gut*
Semua bérès!	Alles in Ordnung!	*alles gut/ordentlich*
Bagaimana? (wie)	Wie ist es?	
Tidak bisa.	Geht nicht.	*nicht können*
Saya tidak tahu.	Ich weiß nicht.	*ich nicht wissen*
Saya tidak bisa.	Ich kann nicht.	*ich nicht können*
Tidak mengapa.	Macht nichts.	*nicht wie*
Tidak apa-apa.	Macht nichts.	*nicht was-was*
Tak mengapa-ngapa.	Mir fehlt nichts.	
Mengapa tidak?	Warum nicht?	
(Bagai)mana tahu!	Wer weiß!	*wie wissen*
Apa lagi?	Was hilft es?	*was noch*

🗣️ Floskeln & Redewendungen

Nach einer 36-stündigen Busfahrt kann man zu Recht sagen:

ich halb tot **Saya seténgah mati!**   Ich bin halb tot.   🔊

Ausrufe

Wah, apa itu?!   🔊
na-sowas, was jener
Was soll das bloß?!

Sayang, saya tidak bisa datang.   🔊
schade, ich nicht können kommen
Leider kann ich nicht kommen.

Überraschung, Schmerz	**Aduh!**	„Au!"
	Wahai!	„Ach!"
erstaunt, ungehalten sein	**Wah!**	„Na sowas!"
bei Erstaunen	**Coba!**	„Sieh mal an!"
bei Mitleid, Bedauern	**Sayang.**	Leider. Schade.
	Kasihan ...	Oh, wie bedauerlich...
gewaltig	**Hébat!**	Super! Toll! Spitze!
Glück /	**Untung! /**	Zum Glück!
zufällig	**Kebetulan!**	
	Alhamdulillah!	Gott sei Dank!
Herz-Herz	**Hati-hati!**	Vorsicht, aufpassen!
bei Gefahr	**Awas!**	Achtung! Vorsicht!

88 delapan puluh delapan

Zu Gast sein

Manchmal wird man von Indonesiern mit folgender Redewendung eingeladen:

🎵 **Datang main-main di rumah saya.**
kommen spielen-spielen in Haus ich
Komme mich in meinem Haus besuchen.

main-main *heißt* „spielen, sich erholen"

Es ist üblich, dem Gast bei Ankunft gezuckerten Tee oder Kaffee anzubieten. Man sollte ihn aber erst trinken, wenn der Gastgeber dazu auffordert mit Mari minum! „Lasst uns trinken!" oder Silahkan minum! „Bitte trink / trinken Sie!".

🎵 **Bagaimana keadaan, Pak/Bu?**
wie Zustand, Vater/Mutter
Wie geht es Ihnen, Vater/Mutter?

🎵 **Terima kasih, baik/baik-baik saja.**
erhalten Zuneigung, gut/gut-gut bloß
Danke, gut/ziemlich gut.

Terima kasih, semua sehat.
erhalten Zuneigung, alle gesund
Danke, alle gesund.

🎵 **Bagaimana keadaan keluarga, Pak/Bu?**
wie Zustand Familie, Vater/Mutter
Wie geht es Ihrer Familie, Vater/Mutter?

🎵 **Saya mau pulang.**
ich wollen nach-Hause-gehen
Ich möchte nach Hause gehen.

Geschenke

Olèh-olèh bedeutet soviel wie „Mitbringsel",
wobei es sich um ein Souvenir oder etwas Ess-
bares handelt. Indonesier untereinander
bringen sich als olèh-olèh Spezialitäten aus der
jeweiligen Region mit. Sumbawa ist bekannt für
den besten Honig, Bali für die besten Salaks
„Schlangenhautfrüchte" usw. Auch wenn
beispielsweise Früchte überall erhältlich sind
oder sogar dort wachsen, ist es etwas Besonderes, sie von einer anderen Insel mitzubringen.

Wer aus Deutschland Geschenke mitbringt,
sollte wissen: Man nimmt diese Geschenke
entgegen, legt sie in die Ecke und wartet mit
dem Auspacken, bis der Besuch wieder fort ist.
Auf diese Art und Weise verliert niemand das
Gesicht. Der Beschenkte kann seinem Ärger
Luft machen, ohne dass der Schenker sich
Vorwürfe machen muss, etwas Falsches ge-
kauft zu haben.

Familie

In Indonesien wird oft das ganze Dorf zur Verwandtschaft gerechnet.

famili, pamili	Familie
keluarga	Familie, Verwandtschaft
sanak saudara	Familienmitglieder (Mz), Verwandte
dewasa	Erwachsene
ibu bapak, orang tua, ayah bunda	Eltern

ibu - bapak, ayah	Mutter - Vater	
istri - suami	Ehefrau - Ehemann	
kawin	verheiratet	*auch: beischlafen*
tunangan	Verlobte, Verlobter	
tunang	verlobt	
ipar perempuan	Schwägerin	
ipar laki-laki	Schwager	
bibi - paman	Tante - Onkel	
nènèk	Großmutter/-vater	
kakèk	Großvater	
janda - duda	Witwe - Witwer	
anak, anak-anak	Kind, Kinder	
anak laki-laki	Sohn	*Kind männlich*
anak perempuan	Tochter	*Kind weiblich*
saudara perempuan	Schwester	
saudara laki-laki	Bruder	
kakak perempuan	ältere Schwester	
adik perempuan	jüngere Schwester	
kakak laki-laki	älterer Bruder	
adik laki-laki	jüngerer Bruder	
kemenakan wanita	Nichte	
kemenakan laki-laki	Neffe	
cucu	Enkelkind	

🎵 **KB (= Keluarga Berencana), dua cukup, Pak.**
Familien Planung, zwei genug, Vater
Zwei Kinder sind genug, Vater.

rund ums Kind

Die Familie und insbesondere Kinder haben
in der indonesischen Gesellschaft einen sehr
hohen Stellenwert. Was immer Kinder auch

*Schilder mit dieser
Aufschrift sieht man
immer wieder. Selbst
Geld, nämlich das alte
5-Rupien-Stück,
warb für
Familienplanung.*

anstellen - sie sind unschuldig, sie machen nichts falsch. Indonesien, vor allem Bali, scheint mir ein Paradies für Reisen mit Kindern zu sein.

	hamil - kehamilan	schwanger - Schwangerschaft
vollzählig Mond	**genap bulan**	austragen
	keguguran	Fehlgeburt
bekommen Mond	**mendapat bulan**	Periode bekommen
	bulus	kinderlos
reich Kinder	**kaya anak-anak**	kinderreich
	bayi, (anak) orok	Baby (babi = „Schwein")
Kind Windel	**anak bedungan**	Windelkind
	anak susuan	Säugling
Wache Kind	**jaga anak**	Kind hüten
Helferin Kind	**pembantu anak**	Kindermädchen
	penyusu	Amme
Lied einschläfernd	**lagu nina-bobo**	Wiegenlied
	lampin, bedungan	Windel
	melampin(i), membedung	wickeln
	célana melampini	Windelhöschen
	buaian, ayunan	Wiege
	bergoyang, bera-yunayun, membuai	wiegen, schaukeln
Platz schlafen	**tempat tidur**	Bett
	susu	Mutterbrust, Busen
(Wasser) Milch	**(air) susu**	Milch (Mutter-)
Milch dick	**susu kental**	Kondensmilch, gesüßt
Milch vollständig	**susu lengkap**	Vollmilch
	menyusui	stillen
	dulang, mendulang	füttern (ein Kind)

doktèr kanak-kanak	Kinderarzt	*Doktor Kleinkind*
taman kanak-kanak	Kindergarten	*Garten Kleinkind*
manis	süß, hübsch	
cantik, gaga	hübsch (Mädchen/Jungs)	
anak manis	süßes Kind	*Kind süß*
anak cantik	hübsches Mädchen	*Kind hübsch*

◍ **Sudah punya berapa anak?**
schon besitzen wie-viel Kind
Wie viele Kinder hast du schon?

Auf die Antwort satu anak „ein Kind" folgt mit
Sicherheit die Erwiderung:

◍ **Belum cukup!**
noch-nicht genug
Nicht genug!

◍ **Berapa umur?**
wie-viel (Lebens-)Alter
In welchem Alter?/Wie alt?

◍ **Anak laki atau perempuan?**
Kind männlich oder weiblich
Mädchen oder Junge?

Unterwegs...

Es gibt in Indonesien viel zu sehen.

...dan kota & kampung (...in Stadt & Dorf)

in wo es-gibt ...	**Di mana ada ...?**	Wo ist ...?	🔊
wollen nach ...(Ort)	**Saya mau ke ...**	Ich will nach ...	🔊
wollen zu ...(Personen)	**Saya mau kepada ...**	Ich will zu ...	🔊
ich suchen ...	**Saya cari ...**	Ich suche ...	🔊

apotik	Apotheke
pasar malam	Nachtmarkt
bank	Bank
mésjid	Moschee
daèrah	Bezirk
musium	Museum
désa / kampung	Dorf
kantor polisi	Polizei(wache)
kepala désa, lurah	Dorfvorsteher
kantor pos	Post(gebäude)
rumah makan, réstoran	Restaurant
toko (batik)	(Batik-)Geschäft
penjahit	Schneider
toko buku	Buchladen
kota	Stadt
toko obat	Drogerie
kota besar	Großstadt
galéri	Galerie
candi	Tempel
hotèl	Hotel
gedung sandiwara	Theater

Geschäft Medizin
Stadt groß

bioskop	Kino	
univérsitas	Universität	
rumah sakit	Krankenhaus	
kebun binatang	Zoo	*Garten Tier*
pasar	Markt	

alamat	Adresse	
jalan kaki	zu Fuß gehen	*Weg Fuß*
gang	Allee, Gasse, Gang	
jalan	Weg, Straße	
jalan-jalan	spazieren gehen	

Fragen nach dem Weg werden oft mit der Himmelsrichtung beantwortet. Die Bezeichnungen kiri „links" oder kanan „rechts" werden nicht sehr häufig gebraucht und auch oft durcheinander geworfen. Um so wichtiger ist es, verstärkt auf die Handzeichen zu achten und immer wieder verschiedene Leute nach dem Weg zu fragen, denn die Antworten können höchst widersprüchlich ausfallen. Mit der folgenden Frage lassen sich Missverständnisse und lange Umwege vermeiden:

🖐 **Di mana utara/selatan/timur/barat?**
in wo Norden/Süden/Osten Westen
Wo ist Norden/Süden/Osten/Westen?

barat	Westen	**timur**	Osten
utara	Norden	**selatan**	Süden
kanan	rechts	**kiri**	links
langsung	geradeaus	**ke/dari**	nach/von

Unterwegs...

	Awas ada anjing!	Vorsicht, Hund!
Tür Gefahr	**Pintu Bahaya**	Notausgang
	Keluar - (Pintu) Masuk	Ausgang - Eingang
	Dilarang lewat disini!	Durchgang verboten!
	Dilarang masuk!	Eingang verboten!
	Dilarang merokok!	Rauchen verboten!
nicht festhalten	**Jangan pegang!**	Nicht berühren!
	Buka: Senin - Jumat	Von Montag bis Freitag geöffnet
	Istirahat:	Pause von
	Jam 1.00 - 2.00	13.00 - 14.00 Uhr
wird-gemietet	**Diséwakan**	Verleih, zu verleihen
	Mohon tunggu di sini!	Bitte warten Sie hier!
schon bestellt	**Sudah dipesan**	Reserviert
	Dorong - Tarik	Drücken - Ziehen
	Hanya untuk pegawai!	Nur für Mitarbeiter!
	Tidak untuk umum	Nicht für die Öffentlichkeit
verboten wegwerfen	**Dilarang buang**	Es ist verboten,
Abfall hier	**sampah disini**	Müll wegzuwerfen
Platz Abfall	**Tempat sampah**	Mülleimer /-platz

...dengan kendaraan umum
...mit öffentlichen Verkehrsmitteln

	bécak	Dreirrad-Taxi, Rikscha
Wagen Feuer	**keréta api**	Zug
	setasiun	Station
	setasiun (keréta api)	Bahnhof
Kopf Station	**kepala setasiun**	Stationsvorsteher
Bus Nacht	**bis - bis malam**	Bus - Nachtbus

Unterwegs...

setasiun bis	Bushaltestelle	
mobil - taksi	Auto - Taxi	
kapal laut	Schiff	*Boot Meer*
labuhan, pe(r)labuhan	Hafen	
kapal terbang	Flugzeug	*Schiff fliegen*
lapangan terbang	Flugplatz	*Feld fliegen*
lokèt - karcis	Schalter - Fahrkarte	
langsung	direkt	
kelas satu/dua	1./2. Klasse	*Klasse eins/zwei*
tempat duduk	Sitzplatz	*Platz sitzen*
penumpang	Passagier	
déwasa - anak	Erwachsener - Kind	
kosong	leer	*überfüllt*
penuh, ramai	voll, hektisch	
cepat - pelan-pelan	schnell - langsam	*auch: köstlich fahren mit*
énak	bequem, komfortabel	
naik / turun	ein- / aussteigen	
naik mobil	mit dem Auto fahren	
turun keréta api	aus dem Zug steigen	
berangkat, pergi	abreisen/-fahren	
kembali	zurückkehren	
datang, tiba	kommen, ankommen	
tunggu	warten	
tinggal	bleiben	
bélok	abbiegen	
berhenti	anhalten, Stop!	*ungültig*
batal	entwerten	
menyéwa	mieten	
terus - lurus	geradeaus	
putar	umkehren	
mundur	zurücksetzen	
jurusan	Richtung	

Di mana saya bisa beli karcis bis?
in wo ich können kaufen Karte Bus
Wo kann ich eine Busfahrkarte kaufen?

Masih ada tempat duduk kosong?
noch es-gibt Platz sitzen leer
Gibt es noch freie Sitzplätze?

Ma'af, sudah penuh.
Entschuldigung, schon voll
Es tut mir Leid, es ist schon alles voll.

Keréta api ini, cepat atau pelan?
Wagen Feuer dies, schnell oder langsam
Ist dieser Zug schnell oder langsam?

Di mana ada lokèt?
in wo es-gibt Schalter
Wo gibt es einen Fahrkartenschalter?

Berapa harga kelas dua?
wie-viel Preis Klasse zwei
Wie teuer ist die 2. Klasse?

Taksi! Ke lapangan terbang!
Taxi! nach Feld fliegen
Taxi! Zum Flugplatz!

Tolong, pergi cepat!
helfen, gehen schnell
Bitte, fahren Sie
schnell!

Belok kiri/kanan!
abbiegen links/rechts
Biege nach links/
rechts ab!

Saya mau turun di sini.
ich wollen aussteigen in hier
Ich möchte hier aussteigen.

🍃 **Bis ini, pergi langsung ke Bima?**
Bus dies, gehen direkt nach Bima
Geht dieser Bus direkt nach Bima?

🍃 **Jam berapa bis yang terakhir berangkat?**
Stunde wie-viel Bus welcher letzter abfahren
Wann fährt der letzte Bus ab?

Nachtbusse sind immer Expressbusse. bémo sind Kleinbusse für kurze Strecken, die man an jeder beliebigen Stelle anhalten kann. In manchen Gegenden gibt es non-stop-kol „Mini-Colts" die mittlere Distanzen fahren. Am bequemsten sitzt man in der Mitte, „di téngah", allerdings nicht über dem Rad. Bei langen Fahrten sollte man immer etwas Essen und Trinken mitnehmen. Häufig verlängert sich die Fahrzeit durch Reifenpannen, Motorschäden oder unpassierbare Straßen.

Bei Busagenturen oder auf Preistafeln sieht man oft die Abkürzung p.p., die pergi pulang „weggehen nach-Hause-zurückkehren" bedeutet. Sie entspricht also unserem „hin und zurück".

...dengan sepéda motor/mobil
(...mit dem Motorrad / Auto)

mobil	Auto
sepéda motor	Motorrad
peminjam sepéda motor	Motorradverleiher
pinjam, séwa	verleihen, vermieten
menyéwa	mieten, ausleihen

Fahrrad Motor
Verleiher
Fahrrad Motor

Insbesondere auf Bali kann man preiswert Motorräder sepéda motor, und Autos mobil, mieten. Das empfiehlt sich aber nur für Leute, die

wirklich sicher fahren. Linksverkehr, rücksichtslos fahrende Bus- und LKW-Fahrer, die Straße überquerende Hunde und Hühner machen das Fahren nicht ungefährlich. Für Motorradfahrer gilt, bei Sonnenuntergang nur im absoluten Notfall fahren. Es wimmelt nämlich nur so vor Mücken, Fliegen und anderem Kleinvieh, die alle zur Motorradlampe wollen. Ohne Brille geht es kaum!

roda - ban (luar)	Rad - Reifen
rés	Reserve
lampu stop	Rücklampe
spion	Rückspiegel
bèngkèl sepéda motor	Motorradwerkstatt
knalpot	Auspuff
kopeling	Kupplung
kerusakan, mogok	Schaden, Panne
kecelakaan	Unfall
onderdil	Ersatzteil
plat motor	Kennzeichen
ijin	Erlaubnis
(SIM)	Führerschein
surat-surat motor	Fahrzeugschein
surat ijin mengemudi	Fahrzeugbrief
asuransi	Versicherung
perséneling	Fußkupplung
stop bécker	Stoßdämpfer
pédal	Fußraste
gir	Gang
tanki	Tank
setasiun bènsin	Tankstelle
bènsin	Benzin

selang bènsin	Benzinschlauch
cok	Benzinhahn
oli	Öl (Motor-)
gas - tali gas	Gas - Gaszug
rèm, rim - tali rèm	Bremse - Bremszug
kabilator	Vergaser
busi	Zündkerze
motor	Werkstatt
alat	Werkzeug
rusak, merusak	kaputt
sabuk-mesin	Keilriemen
bèlt	Hupe

🔊 **Di mana bisa menyéwa sepéda motor?**
in wo können mieten Fahrrad Motor
Wo kann ich ein Motorrad mieten?

🔊 **Apakah dengan asuransi sepéda motor?**
was-? mit Versicherung Fahrrad Motor
Was ist mit der Motorrad-Versicherung?

🔊 **Ada ijin untuk sepéda motor ini?**
es-gibt Erlaubnis für Fahrrad Motor dies
Gibt es einen Fahrzeugschein für dieses
Motorrad?

🔊 **Sepéda motor saya rusak.**
Fahrrad Motor ich kaputt
Mein Motorrad ist kaputt.

🔊 **Di mana ada bèngkèl sepéda motor?**
in wo es-gibt Werkstatt Fahrrad Motor
Wo gibt es eine Motorrad-Werkstatt?

*Autofahrer
müssen in den
Beispielsätzen lediglich*
sepéda motor
durch mobil
zu ersetzen.

 Unterwegs...

Tankstellen, Pompa Bènsin oder Setasiun Bènsin, die es bei uns ja an jeder Ecke gibt, sind in Indonesien nicht so dicht gesät. Kleine, hand-gemalte Pappschilder Disini jual bènsin – „hier verkaufen Benzin" und rote Fässer weisen auf zusätzliche, von privat betriebene, Verkaufs-stellen hin. Das Benzin ist etwas teurer als an einer richtigen Tankstelle und oft auch mit etwas Wasser gestreckt.

Ganti oli	Ölwechsel
Cuci & ganti oli	Waschen und Ölwechsel
Disini jual bènsin	Benzinverkauf hier!
Disini jual oli	Hier Ölverkauf!
Pompa angin	Luftpumpe

Ersatz Öl
waschen & Ersatz Öl
hier verkaufen Benzin
hier verkaufen Öl
Pumpe Wind

...dengan sepéda (...mit dem Fahrrad)

Auf Bali und in einigen Touristenzentren kann man Fahrräder, sepéda, mieten. Meistens handelt es sich um Mountainbikes, sepéda gunung, *Fahrrad Berg*. Bevor man ein Fahrrad mietet, ist unbedingt die Funktion von Bremsen, Schaltung, Licht etc. zu überprüfen.

aki	Akku, Batterie
lampu	Lampe
rantai	Kette
tangan-tangan	Lenker
rèm belakang	Rückbremse
rèm muka	Vorderbremse
ban dalam selang	Schlauch
press ban dalam	Schlauchflicker

pompa angin	Luftpumpe
ruji	Speiche
sayap	Schutzblech
sadel	Sitz, Sattel
balon	Birne

🗩 **Di mana saya bisa menyewa sepéda?**
in wo ich können mieten Fahrrad
Wo kann ich ein Fahrrad mieten?

🗩 **Sepéda saya rusak.**
Fahrrad ich kaputt
Mein Fahrrad ist kaputt.

🗩 **Di mana ada bèngkèl (toko) sepéda?**
in wo es-gibt Werkstatt (Geschäft) Fahrrad
Wo ist eine Fahrradwerkstatt (-geschäft)?

🗩 **Apakah jalan itu curam?**
was-? Weg jener steil
Ist die Straße dort steil?

rambu lalu-lintas yang penting
(wichtige Verkehrsschilder)

Awas keréta api!	Vorsicht, Zug!	*vorsichtig Wagen Feuer*
Awas!	Achtung! Vorsicht!	*bei Gefahr*
Bahaya!	Gefahr!	
Bèlok kiri bolèh terus	linksabbiegen erlaubt	*abbiegen. li. dürfen direkt*
Bogor keluar	Ausfahrt nach Bogor	*Bogor Ausgang*
Hati-hati ada galian	Vorsicht, Erdarbeiten!	
Dilarang berhenti /	Halteverbot /	*verboten anhalten /*
Parkir disini	Parkverbot	*parken hier*

Unterwegs...

	Dilarang untuk ...	verboten für ...
	... mobil-mobil	... Autos
	... sepéda motor	... Motorräder
	jalan bebas hambatan	Autobahn
	béa jalan tol	Autobahngebühr
Herz-Herz, aufpassen	**Hati-hati!**	Vorsicht!
falls Regen glitschig	**Kalau hujan licin**	Bei Nässe glatt
Brücke (eng)	**Jembatan (sempit)**	(schmale) Brücke
Sackgasse	**Jalan buntu**	keine Durchgangsstraße
Straße eins-eins	**Jalan satu-satu**	Straße ist einspurig
Straße/Brücke	**Jalan / jembatan**	Straßen- / Brücken
gerade wird-verbessert	**sedang diperbaiki**	bauarbeiten
Weg aufpassen	**Jalan hati-hati!**	Vorsicht, schlechte Straße!
	Jurusan Bima	Richtung Bima
speziell parken	**Khusus parkir ...**	Spezieller Parkplatz...
verringern	**Kurangi**	Geschwindigkeit
Geschwindigkeit	**kecepatan**	verringern
Entschuldigung Reise	**Ma'af perjalanan**	Entschuldigung, Ihre
du wird-gestört	**anda terganggu.**	Reise wird gestört.
	Pelan-pelan	langsam fahren
Achtung Begrenzung	**Perhatikan batas**	Geschwindigkeits-
Geschwindigkeit	**kecepatan**	begrenzung
häufig es-gibt Unfall	**Sering ada**	Hier gibt es häufig
	kecelakaan.	Unfälle.
	Tenjakan	starke Steigung
	Turunan	starkes Gefälle
Platz parken	**Tempat parkir**	Parkplatz
Kurve gefährlich	**Tikungan**	gefährliche Kurve
	berbahaya	
welcher abbiegen	**Yang bèlok kiri,**	Linksabbieger
links, direkt	**langsung!**	weiterfahren!

...dengan prahu (...mit dem Boot)

laut	Meer
air surut - air pasang	Ebbe - Flut
pulau	Insel
(pe)labuhan	Hafen
kapal, tambangan, feri	Fähre
kapal	Schiff
kapal layar	Segelschiff
perahu	Segelboot, Prau
kapal motor	Motorboot
jonson	Außenborder
sampan	Auslegerboot
sekoci penyalamat	Rettungsboot
berlabuh	ankern
berhenti	stoppen, anhalten

Im Inselreich Indonesien ist man zwangs-
läufig auf Fähren und Boote angewiesen. In
abgelegeneren Gebieten bleibt manchmal nur
noch die Möglichkeit, ein Schiff zu chartern.
Mit folgenden Sätzen und Fragen kann man
das Wichtigste vorweg abklären:

🔊 **Hari apa kapal laut berangkat ke ...**
Tag was Schiff Meer verlassen nach ...
An welchem Tag geht das Schiff nach ...

🔊 **Kapan ada feri ke ...?   Barangkali hari Senén.**
wann es-gibt Fähre nach vielleicht Tag Montag
Wann geht die   Vielleicht am Montag.
nächste Fähre nach...?

Berapa jam kami perlu dari sini ke sana?
wie-viel Stunde wir nötig von hier nach dort
Wie viele Stunden benötigen wir von hier bis
dort?

Saya mau ke ... untuk dua hari.
ich wollen nach ... für zwei Tag
Ich möchte für zwei Tage nach ...

Di mana bisa charter bot?
in wo kann chartern Boot
Wo kann ich ein Boot chartern?

Berapa harga pèr jam/hari?
wie-viel Preis pro Stunde/Tag
Wie teuer ist eine Stunde/ein Tag?

Berapa harga ke ... pergi pulang?
wie-viel Preis nach ... weggehen zurückkehren
Wie viel kostet eine Tour nach ... und zurück?

Itu terlalu mahal.	**Bot itu terlalu kecil.**
jenes zuviel teuer	*Boot jenes zuviel klein*
Das ist viel zu teuer.	Das Boot ist zu klein.

Berapa lama?
wie-viel lange
Wie lange dauert es?

Kami harus bawa makanan sendiri?
wir müssen tragen Essen selber
Müssen wir selber Essen mitnehmen?

Auf dem Land

In Indonesien gibt es 25 Naturschutzgebiete. Zusammengefasst ergäben sie eine Größe von circa 64.000 km². Betreten darf man diese Nationalparks normalerweise nur mit einer Genehmigung und einem Guide.

di taman nasional (im Nationalpark)

🖎 **Besok saya mau naik „Gunung Arab".**
morgen ich wollen besteigen „Berg Arab"
Ich möchte morgen den Gunung Arab besteigen.

🖎 **Guide, harganya berapa untuk satu hari / tiga jam?**
Guide, Preis-sein wie-viel für ein Tag/drei Stunden
Wie teuer ist ein Guide für einen Tag / drei Stunden?

🖎 **Di sana ada rumah atau tempat tidur?**
in dort es-gibt Haus oder Platz schlafen
Gibt es dort Unterkünfte oder Schlafplätze?

🖎 **Minta tolong, kasih bangun pagi-pagi.**
bitten-um Hilfe, geben aufstehen Morgen-Morgen
Bitte wecken Sie mich morgen ganz früh.

🖎 **Saya mau pergi jam tujuh pagi.**
ich wollen weggehen Uhr sieben Morgen
Ich möchte um 7.00 Uhr morgens starten.

Yang apa kami harus bawa? Makanan? Minuman? 🔊
welcher was wir müssen tragen? Essen? Trinken
Was müssen wir mitnehmen? Essen? Trinken?

Berapa jam dari sini ke puncak? 🔊
wie-viel Stunde von hier nach Gipfel
Wie viele Stunden benötigt man bis zum
Gipfel?

Berapa jauh lagi?   Saya mau istirahat dulu. 🔊
wie-viel weit noch   ich wollen ausruhen erst
Wie weit ist es noch? Ich möchte erst mal
                      eine Pause machen.

**Di sini ada orang, yang bisa bicara Bahasa
Inggeris?**
*in hier es-gibt Mensch, welcher können sprechen
Sprache Englisch*
Spricht hier jemand Englisch?

Ada orang, yang bisa masak untuk kami? 🔊
es-gibt Mensch, welcher können kochen für uns
Gibt es jemanden, der für uns kochen kann?

tumbuh-tumbuhan & pohon-pohon (Pflanzen & Bäume)	
pohon	Baum
akar	Wurzel
gerip, gerit-gerit	Kletterpflanze
gelega	Rohrpflanze
daun, helai	Blatt
kembang	Blume

bunga, kuntum	Blüte
(pohon) bambu	Bambus
pohon karèt	Kautschukbaum
pohon palem	Palme
pohon kelapa	Kokosnusspalme
(pohon) kurma	Dattelpalme
serdang	Fächerpalme
kuini, mangga	Manggo-Baum
kulut	Brotbaum
pohon manggis	Mangosteen-Baum
pohon nangka	Jackfruit-Baum
bunga sepatu, baru	Hibiskus (roter)
yasmén, bunga gambir	Jasmin
pohon ara	Feigenbaum
dungun	Strandbaum
asam jawa	Tamarindenbaum
hutan	Wald
hutan rimba	Urwald *auch:* rimba raja
hutan belukar	Wildnis
rumput	Gras
paku, pakis	Farn
lumut	Moos (auch: Tang)
kolesom	Ginseng-Wurzel

binatang (Tiere)

haiwanat	Tierwelt
serangga	Insekten
gangsir	Grille
naning	Hornisse
capung	Libelle
lalat	Fliege
kumbang	Hummel, Käfer

Auf dem Land

lebah, tawon	Biene, Wespe
semut	Ameise
kelekatu	fliegende Ameise
lintah	Blutegel
serangga perusak	Ungeziefer
lipas	Kakerlake
kutu	Floh, Laus, Zecke
labah-labah	Spinne
kupu-kupu	Schmetterling
lipan, sepesan	Tausendfüßler
kura-kura	Landschildkröte
ular (-ari)	(Gift-)Schlange
kobra, ular sèndok	Kobra
buaya	Krokodil
bengkarung, kadal	Eidechse
bunglon	Chamäleon
gajah	Elefant
kelelawar, kelawar	Fledermaus
kodok, katak	Frosch, Kröte
tokéh, cicak	Gecko, Eidechse
kera, kunyuk *auch:* monyet	Affe
orang hutan	Orang Utan
bantèng - kerbau	Büffel - Wasserbüffel
lembu, sapi	Kuh, Rind
tikus	Maus, Ratte
burung	Vogel
garuda	mythischer Vogel
(burung) nuri	Papagei
burung déwata	Paradiesvogel
merak	Pfau
burung kakatua,	Kakadu
itik, bèbèk - angsa	Ente - Gans
burung kuau, kuang	Fasan

burung nangka	Pirol (Vogel)
gelatik	Reisvogel
enggang	Nashornvogel
merpati laut	Seemöwe
merpati	Taube
ayam - jago	Huhn - Hahn
kambing	Ziege
kelinci, terwelu	Kaninchen, Hase
anjing - kucing,	Hund - Katze
keledai - kuda	Esel - Pferd
babi	Schwein
nagui	kl. Wildschweinart
rusa - kijang	Hirsch - Zwerghirsch
beruang	Bär
tupai	Eichhörnchen
berang-berang	Biber
rubah	Fuchs
garong	Wildkatze
bangkai	Aas

MISS. SAXA SODAH. MJANTAR.
ANDA. SAMPAI TUJUAN
MINTA BONUS. 26.000

🖉 **Binatang apa itu?**
Tier was jener
Was für ein Tier ist das?

permandangan alam (Landschaft)

tanah	Land, Boden, Erde	
mata air (panas)	(heiße) Quelle	*Auge Wasser (heiß)*
sungai kecil	Bach	
kali, sungai	Fluss	
danau	See	
gua	Höhle	
gunung, doro	Berg	

 **Auf dem Land**

	bukit	Hügel
	tanah longsor	Erdrutsch
	kawah	Krater
auch: Explosion	**letusan**	Ausbruch (Vulkan)
	lobang	Loch
	lumpur	Matsche, Schlamm
	batu	Stein, Fels
	muara	(Fluss-)Mündung
	banjir	Überschwemmung
	jalan setapak	Fußweg
Berg Feuer	**gunung api**	Vulkan
	kebun	Garten
	hutan, rimba	Wald
	pegunungan	Gebirge
Wasser fallen	**air terjun**	Wasserfall
	puncak	Gipfel
	ke atas	zum Gipfel, nach oben
	mudah - sulit	einfach - schwierig
	aman	sicher
	naik	klettern, steigen
	jalan	Weg
	bolèh - dilarang	erlaubt - verboten
Wasser weiß	**air putih**	Trinkwasser
	datar	flach, eben
	tanjakan	Steigung
steil innen	**curam, terjal dalam**	steil nach unten
	dékat - jauh	nah - weit
	Awas!	Vorsicht!
	jalan kaki - antar	laufen - führen

Saya mau naik gunung api itu.
ich wollen besteigen Berg Feuer jener
Ich möchte den Vulkan besteigen.

🖢 **Berapa lama ke atas?**
wie-viel lange nach oben
Wie lange dauert es bis zum Gipfel?

🖢 **Ada mata air panas atau air terjun di sini?**
es-gibt Wasser heiß oder Wasser fallen in hier
Gibt es hier heiße Quellen oder Wasserfälle?

Am Meer

Indonesiens Unterwasserwelt bietet wirklich wunderschöne Korallengärten, bewohnt von unzähligen Fischen. Wer sich dafür interessiert, sollte auf keinen Fall die Chance verpassen zu schnorcheln.

ikan	Fisch	
ikan bilalang	fliegender Fisch	*auch:* ikan terbang
kerang	Muschel, Schaltier	
mutiara	Perlmuttmuschel	
tiram (mutiara)	Auster (Perl-)	
(babi) duyung	Seekuh	*(Schwein) Seekuh*
penyu	Seeschildkröte	
(ikan) lumba-lumba	Delfin	
hiu, yu	Hai	
gurita	Tintenfisch	
ikan terompet	Trompetenfisch	
karang	Koralle(n)	*auch: Korallenriff, Atoll*

Am Meer

	merjan	blutrote Koralle
	ikan pari	Rochen
	ubur-ubur	Qualle
	ikan pari jurig	Manta
	ikan paus/lodan	Wal
Wal Zahn	**paus gigi**	Zahnwal
	ikan morea/ladu	Moräne
	angin	Luft / Wind
	laut berombak	bewegte See
	laut	Meer
	pulau	Insel
	selat	Meeresenge
	pasir	Sand
Hügel Sand	**bukit pasir**	Düne
	gosong (pasir)	Sandbank
Welle rollend, pulau pasir	**ombak (gemulung)**	(schwere) Welle(n)
Strömung kräftig	**arus (-kuat)**	(starke) Strömung
Strudel Wasser	**olak air**	Strudel
	air	Wasser
Wasser weichen /	**air surut/pasang**	Ebbe - Flut
zunehmen	**pantai**	Ufer, Strand
	teluk, ceruk	Bucht
	gua, lubang	Höhle
	dangkal - dalam	seicht - tief
	danau	(Binnen-)See

Ada tempat untuk berenang di sini?
es-gibt Platz für schwimmen in hier
Gibt es hier einen Platz zum Schwimmen?

Ya, ada. Kira-kira satu kilo ke utara.
ja, es-gibt. ungefähr ein Kilometer nach Norden
Ja, es gibt einen. Etwa 1 km Richtung Norden.

Am Meer

ikat pinggang	Bleigurt, Gürtel	*Band Taille*
berbahaya	Gefahr	
timah/pemberat	Gewicht	
komprèsor	Kompressor	
régulator	Lungenautomat	
masker, kacamata selam	Maske, Taucherbrille	*Maske / Glas-Auge Taucher*
snorkel	Schnorchel, schnorcheln	
berenang	schwimmen	
sepatu bèbèk, flipper	Schwimmflossen	*Schuh Ente*
pelampung	Schwimmweste	
tènki	Pressluftflasche	*Tank*
selam - menyelam	Taucher - tauchen	

cuaca (Wetter)

cuaca - iklim	Wetter - Klima	derajat = Grad
angin	Wind	
udara	Luft, Wetter	
hujan - mata hari	Regen - Sonne	
udara bagus	schönes Wetter	
panas - dingin	heiß - kalt	
hari bagus	schöner Tag	
cerah - mendung	klar - bewölkt	
awan	Wolke	
kilat - guntur	Blitz - Donner	
mengguntur	donnern	
lembab	feucht	
(hujan-)salju	Schnee	*(Regen-)Schnee*
sejuk	kühl, frisch	
hujan ès / hujan batu	Hagel	*Regen Eis / Regen Stein*

Unterkunft

Die folgenden Begriffe helfen jedem Reisenden, eine gutes Quartier zu finden:

di hotèl (Im Hotel)

nyamuk =
Mücke, Moskito

losmèn	Pension
wisma	Gästehaus
penginapan	kleines Hotel
dapur	Küche
kamar (tidur)	(Schlaf-) Zimmer
kunci	Schlüssel
tempat tidur	Bett
selimut / bantal	Decke (Bett-) / Kissen
seperai	Laken
kelambu	Moskitonetz
kolam berenang	Schwimmbad
bikin bersih	sauber machen
menyémprot	sprühen
menitip	deponieren
mencuci	waschen (Kleidung)
menyéwa	mieten

Masih ada kamar kosong?
noch es-gibt Zimmer leer
Haben Sie noch freie Zimmer?

Ya, untuk dua orang.　　**Ya, silahkan ikut saya.**
ja, für zwei Menschen　　*ja, bitte folgen ich*
Ja, für zwei Personen.　　Ja, bitte folgen Sie mir.

🌢 **Saya mau lihat kamar dulu.**
ich wollen sehen Zimmer erst
Ich möchte erst das Zimmer sehen.

🌢 **Tolong menyémprot kamar saya.**
helfen sprühen Zimmer ich
Bitte sprühen Sie in meinem Zimmer.

🌢 **Berapa harga untuk kamar ini?**
wie-viel Preis für Zimmer dies
Wie teuer ist dieses Zimmer?

🌢 **Seratus ribu rupiah dengan makanan pagi.**
einhundert tausend Rupien mit Essen Morgen
100.000 Rupien inklusive Frühstück.

🌢 **Saya mau berangkat besok.**
ich wollen verlassen morgen
Ich möchte morgen abreisen.

🌢 **Ya, saya menyéwa kamar ini untuk dua malam.**
ja, ich mieten Zimmer dies für zwei Nacht
Gut, ich miete dieses Zimmer für zwei Nächte.

🌢 **Bolèh, saya menitip paspor saya dengan Ibu/Bapak?**
dürfen, ich deponieren Reisepass ich mit Mutter/Vater
Kann ich meinen Reisepass bei Ihnen deponieren?

Essen & Trinken

Rumah makan, „Haus essen" und réstoran, „Restaurant", bieten eine Vielzahl von Gerichten an. Es gibt entweder eine Speisekarte oder eine große Wandtafel mit angebotenen Speisen und Preisen. Ma'af, tidak ada. – „*Entschuldigung, nicht es-gibt*", heißt „Gibt es leider nicht!", und Sudah habis! „schon fertig" sind die beiden möglichen Antworten, falls die Bestellung nicht entgegengenommen werden kann. Der warung ist ein fester Essenstand mit Sitzmöglichkeiten.

masakan =
Küche im Sinne von
Masakan Padang

makan - minum	essen - trinken
makanan - minuman	Gericht - Getränk
daftar makanan	Speisekarte
porsi	Portion
pelayan	Kellner, Ober
pesan	bestellen
bayar	bezahlen
bon	Rechnung
tip, uang / uang kecil	Trink- / Wechselgeld
piring	Teller, Untertasse
gelas	Glas (Trink-)
cangkir	Tasse, Becher
pisau	Messer
garpu	Gabel
séndok	Löffel
énak, sedap	wohlschmeckend
asin - manis	salzig - süß
asam - pedas	sauer - scharf gewürzt

gorèng	gebraten
bakar	gegrillt
kering	trocken
mentah - rébus	roh - gekocht
matang	durchgekocht
rébusan	abgekocht
kukus	gedünstet
panggang	geröstet
masak	reif, gar
panas - dingin	heiß, warm - kalt
busuk	verdorben
sedia	fertig, bereit

Die Worte für „Frühstück", „Mittagessen" und „Abendessen" setzen sich zusammen aus makanan „das Essen" und der jeweiligen Tageszeit: makanan pagi, „Essen Morgen", makanan siang, „Essen Mittag", und makanan malam, „Essen Nacht".

🎵 **Saya lapar. / Saya mau makan.**
ich hungrig / ich wollen essen
Ich möchte (etwas) essen.

🎵 **Saya haus. / Saya mau minum.**
ich durstig / ich wollen trinken
Ich möchte (etwas) trinken.

Im warung kopi, „*Warung Kaffee*", kann man Kaffee, Tee, Kekse und ähnliches bekommen, aber auch Schampoo, Seife, Obst und Waschmittel! Der warung nasi, „*Warung Reis*", bietet dagegen eine Auswahl an gekochten Speisen.

Die fahrenden Essenswagen nennt man kaki lima, „Fuß fünf".

In allen Städten und Dörfern Indonesiens fangen bei Einbruch der Dunkelheit die pasar malam „Nachtmärkte", an. Auf diesen Märkten findet man Stände mit dem üblichen Essen und den Spezialitäten der Region.

Ada masakan Indonésia di sini?
es-gibt Küche Indonesien in hier
Gibt es hier indonesische Gerichte?

Minta satu lagi.
bitten-um ein noch
Ich hätte gerne noch einen.

Bolèh lihat daftar makanan?
dürfen sehen Liste Essen
Darf ich bitte die Speisekarte sehen?

Saya mau pesan satu porsi...
ich wollen bestellen ein Portion...
Ich möchte eine Portion ... bestellen.

Tidak pakai ès.	**Minta bon.**
nein tragen Eis	*bitten-um Rechnung*
Bitte nicht mit Eis.	Die Rechnung bitte.

beras (Reis)

Reis ist das wichtigste Nahrungsmittel Indonesiens. Auf Java, Bali und anderen Inseln, wo es genug Wasser gibt, wird Reis auf den sawah, „Nassreisfeldern", angebaut, in anderen Gebieten kultiviert man ihn trocken auf den ladang, „Trockenreisfeldern". Für unser Wort „Reis" gibt es im Indonesischen eine ganze Reihe von Bezeichnungen, die den jeweiligen „Zustand" der Pflanze bezeichnen:

padi =	die Reispflanze auf dem Feld
gabah =	der gedroschene, ungeschälte Reis
beras =	geschälter Reis, wie auf dem Markt angeboten
nasi =	gekocht und zum Essen bereitet

buah-buahan (Früchte)

mangga	Mango	
nanas	Ananas	
manggis	Mangosteen	
(buah) apel	Apfel	
jeruk bali	Pampelmuse	
jeruk manis	Apfelsine	
pepaya	Papaya	
pisang	Banane	
rambutan	Rambutan	
buah kecil	Beere	*Frucht klein*
salak	Schlangenhautfrucht	
asam jawa	Tamarinde	
kacang mete	Cashewnuss	
semangka	Wassermelone	
kurma	Dattel	*auch:* tandan buah
anggur	Weintrauben	
arbèi	Erdbeere	
jeruk purut	Zitrone	
anjir, buah ara	Feige	
jeruk limau	Zitrusfrucht	

Essen & Trinken

belum matang = *unreif*
masak/matang = *reif*
busuk = *verdorben*

nangka	Jackfruit
(buah) kelapa	Kokosnuss
kismis	Korinthe
jeruk asam	Limone
serikaya	Zuckerapfel

sayur (Gemüse)

(ubi) kelédèk	Süßkartoffeln
tomat	Tomaten
bawang - bawang putih	Zwiebel - Knoblauch
jamur	Pilze
kul, kobis, kubis	Kohl (Gemüse)
labu	Kürbis
jagung	Mais
buncis	Bohnen
kacang	Linsen, Nüsse
kangkung	Wasserspinat
kentang	Kartoffeln
kacang polong	Erbsen
wortel	Möhren
ketimun	Gurke

auch: Erbse, Erdnuss

daging (Fleisch)

daging bèbèk	Entenfleisch
daging babi	Schweinefleisch
daging ayam	Hühnerfleisch
daging domba	Lammfleisch
daging kambing	Ziegenfleisch
daging sapi	Rindfleisch
merpati	Taube
hati, otak, jantung	Leber, Gehirn, Herz

untuk orang végetaris (für Vegetarier)

tanpa daging	ohne Fleisch	
végétaris	vegetarisch	
sayur-sayuran	allerlei Gemüse	
telur	Ei	
telur rébus	Ei, gekocht	
telur gorèng	Ei, gebraten	
telur mata sapi	Spiegelei	*Ei Auge Kuh*
mie, bihun, bami, bakmi	Nudeln	

binatangair (Wassertiere)

ikan	Fisch	
ikan laut	Salzwasserfisch	*Fisch Meer*
ikan danau	Süßwasserfisch	*Fisch See*
kerang, lokan	Schaltier, Muschel	
udang, kepiting	Garnele, Krabbe	
ketam	Krebs, Krabbe	
tiram	Auster	
udang karang/laut	Lobster, Hummer	
cumi cumi	Tintenfisch	

bumbu (Gewürze)

madu	Honig
jahé	Ingwer
gula - garam	Zucker - Salz
merica	weißer Pfeffer
lada padi	schwarzer Pfeffer
lada merah	roter Pfeffer
kari	Curry
lombok, cabé	Chili

 Essen & Trinken

kuma-kuma	Kurkuma
(bunga) pala	Muskatnuss
kécap	Sojasauce
mentéga	Butter
cuka	Essig
minyak (gorèng)	(Brat-)Öl

manisan (Süßigkeiten)

roti „Brot" zählt in
Indonesien ebenfalls
zu Süßigkeiten.

kuè	Kuchen, Biskuit
kacang	Erdnüsse
èskrim	Speiseeis
permèn	Süßigkeiten, Bonbon
coklat	Schokolade

minuman (Getränke)

Ein eisgekühltes Bier
in Indonesien zu
trinken ist außerhalb
der Touristenzentren
fast unmöglich. Um
zumindest kein
heißes Bier zu
bekommen, sollte
man trotzdem fragen:

Ada bir dingin?
es-gibt Bier kalt
Gibt es kaltes Bier?

coklat	Trinkschokolade
tèh - kopi	Tee - Kaffee
... manis	... mit Zucker
... susu manis	... mit Milch & Zucker
... hitam, tawar, pahit	... schwarz
... jahé	Ingwertee / -Kaffee
soda	Mineralwasser
agua	abgefülltes Wasser
air minum	Trinkwasser
air matang	abgekochtes Wasser
ès	Eis(würfel)
jus	Saft
air anggur - bir	Wein - Bier
brem	balinesischer Reiswein
mabuk	betrunken
tawar, pahit	bitter

⟩ **Ibu, saya minta kopi tidak pakai gula.**
Mutter, ich bitten-um Kaffee nicht tragen Zucker
Mutter, ich möchte bitte Kaffee ohne Zucker.

Sedikit gula saja.
wenig Zucker nur
Nur ein wenig Zucker.

Indonesier sind ein Volk von Kaffee- und Tee-trinkern. Serviert werden diese Getränke bis an die Schmerzgrenze gesüßt. Einer Ibu am Warung zu erklären, dass man lieber kopi pahit „*Kaffee bitter*" trinkt, löst eine längere Diskussion aus, die oft mit einem sedikit gula, saja „*bisschen Zucker, bloß*" im Kaffee endet. Je nach Region gibt es unterschiedliche Ausdrücke für dieses „seltsame" Touristen - Anliegen:

⟩ **Kopi kosong. Kopi pahit. Kopi tanpa gula.**
 Kaffee leer   Kaffee bitter Kaffee ohne Zucker

minuman buah (Fruchtsäfte)	
air jeruk	gesüßter Orangen- oder Zitronensaft
air kelapa	Kokosnussmilch
air kelapa muda	junge Kokosnussmilch & -fleisch
air kopiyor	überreife Kokosnussmilch & -fleisch
ès buah	gelierte Früchte mit Sirup auf geraspeltem Wassereis

Wer die hier genannten Getränke lieber eis-kalt trinkt, muss air durch ès ersetzen, also air jeruk „Wasser Orange" wird zu ès jeruk „Eis Orange".

masakan (Gerichte)

nasi putih	weißer, gekochter Reis
nasi gorèng	gebratener Reis, oft mit Gemüse
nasi campur	Reis mit Gemüse und Fleisch
nasi sayur	Reis mit Gemüse
nasi rawon	Reis mit Rindfleischeintopf
mi gorèng	gebratene Nudeln, mit Gemüse & Ei
mi rébus	gekochte Nudeln
mi kuah	Nudelsuppe
mi bakso	chinesische Nudelsuppe mit Fleischklößen
mi pangsit	Nudelsuppe mit Fleischkl. in Teig gebacken
soto, sop	Suppe
soto ayam	Hühnersuppe
ayam gorèng	gebratenes Huhn, meistens m. Soße serviert
ayam gorèng kécap	gebratenes Huhn mit süßlicher Soyasoße
saté ayam	Hühnersaté
saté kambing	Ziegensaté
gudeg ayam	Huhn in Kokosmilch & Gewürzen, geschmort mit junger gekochter Jackfruit
gulai kambing	Ziegencurry
karé ayam	Hühnercurry
kepeting gorèng	fritierte Krabben
kepeting rébus	gedünstete Krabben
udang gorèng mentéga	Garnelen in Butter gebraten
udang rébus	gedünstete Garnelen
pecel	gemischtes Gemüse mit Erdnusssoße
rujak	Fruchtsalat in scharfer Soße
krupuk	Riesenkräcker aus Fisch- oder Krabbenmehl
acar	Mixed Pickles
martabak	Pfannkuchen m. Gemüse & Fleisch o. süß
cap cai	versch. Gemüse, angebraten in einer Soße
fu yung hai	Omelett mit Fleisch & Gemüse
gado-gado	Gemüsesalat mit Erdnusssoße, kalt

Kaufen & Handeln

Das Kaufen und das damit verbundene Handeln kann in Indonesien sehr viel Spaß machen. Harga pas heißt „fester Preis". In den meisten (nicht touristischen) Geschäften, Supermärkten, Hotels und Restaurants wird nicht gehandelt. Gehandelt werden muss auf Märkten, bei Straßenverkäufern, in Touristenläden etc. Wer auf Indonesisch verhandelt, hat einen großen Vorteil, da man ihm Erfahrung zubilligt.

Touristenpreise sind immer höher, aber auch gut betuchte Einheimische zahlen mehr. In touristischen Gegenden liegt der Ausgangspreis des Verkäufers oft 4-6mal so hoch, als die Ware wirklich wert ist. In abgelegeneren Gebieten wird häufig der korrekte Preis gefordert.

Di mana saya bisa beli ...?
in wo ich können kaufen ...
Wo kann ich ... kaufen?

Sind in einem Laden oder auf dem Markt die Waren weder ausgezeichnet noch ein Schild harga pas zu entdecken, empfiehlt es sich, erst einmal nach dem Preis zu fragen. Wenn der Verkäufer antwortet, man möge das Eröffnungsangebot machen, folgt auf jeden Fall eine längere Verhandlung. Die Grundregel ist, völlig freundlich, höflich und gelassen zu bleiben, auch wenn der gewünschte Verkaufspreis übertrieben hoch ist. Der Käufer sollte beim Handeln einen deutlich niedrigeren Preis ansetzen, als er wirklich bezahlen will. Im günstigsten Fall kennt man den richtigen Preis. Wenn man glaubt, ein faires Angebot

gemacht zu haben, auf das der Händler
jedoch nicht reagiert, ist das „Weggeh-Spiel"
immer einen Versuch wert. Mit Terlalu mahal!,
„Zu teuer!", und Terima kasih!, „Vielen Dank!",
verlässt man höflich grüßend das Geschäft.
Oft geht der Verkäufer dann auf den ge-
botenen Preis ein. Ein gutes Geschäft ist,
wenn beide Seiten wirklich zufrieden sind.

beli, membeli -	kaufen -
jual, menjual	verkaufen, Handel treiben
tawar, menawar	handeln, feilschen
harga	Preis
harga biasa	normaler Preis
harga pas	fester Preis
kwalitèt - warna	Qualität - Farbe
rugi	Nachteil, Verlust / Schaden (erleiden)
terlalu	zu sehr / viel
murah - mahal	billig - teuer
kurang	weniger, reduziert
turun	heruntergehen
lihat saja	nur gucken
macam	Sorte, Typ, Beschaffenheit
mencoba	anprobieren
pabrik	Fabrik, Handwerksbetrieb
membuat, (mem)bikin	machen, tun, herstellen
dibuat	gemacht, hergestellt
buatan (Indonésia)	(indonesisches) Erzeugnis
buat-buatan	unecht, nachgemacht
pembuat	Hersteller

dialog pasar khas (ein typisches Marktgespräch)

  T: **Selamat pagi, Bu.**
     Pisang ini, harganya berapa?
     guten Morgen, Mutter.
     Bananen dies, Preis-ihr wie-viel
     Guten Morgen, Bu.
     Wie teuer sind diese Bananen?

  V: **Selamat pagi. Satu kilo seribu rupiah.**
     guten Morgen. ein Kilo tausend Rupien
     Guten Morgen. Ein Kilo kostet 1000
     Rupien.

  T: **Aduh, Ibu. Terlalu mahal.**
     huch, Mutter. zu-viel teuer
     Huch, Ibu. Das ist viel zu teuer.

     Saya tidak mau tahu harga turis!
     ich nicht wollen wissen Preis Tourist
     Ich möchte nicht den Touristenpreis
     wissen.

     Harga biasa berapa?
     Preis normal wie-viel
     Wie viel kosten sie normalerweise?

  V: **Seribu harga biasa.**
     tausend Preis normal
     1000 ist der normale Preis.

  T: **Saya ambil ini untuk lima ratus rupiah.**
     ich nehmen dies für fünf hundert Rupien
     Ich nehme sie für 500 Rupien.

  V: **Saya rugi, tetapi bolèh.**
     ich Schaden, aber möglich
     Ich mache Verlust, aber es ist o.k.

T = *Tourist*
V = *Verkäuferin*

Kaufen & Handeln

Tutup/Buka	Geschlossen/Geöffnet
Gratis	Gratis
Dijual	Zum Verkauf
Obral	Schlussverkauf, Ausverkauf
Dijual murah	Reduzierter Verkauf
Potongan 10%	10% Rabatt
Kasir	Kasse
Bayar disini!	Hier bezahlen!

barang (Waren)

	pakaian	Kleidung
Stoff Sarong	**kain sarong**	Sarong-Stoff
Stoff langer	**kain panjang**	Meterware
	keméja	Bluse, Hemd
	rompi	Weste
	rok	(europ.) Rock
	celana pendèk/panjang	kurze / lange Hose
	sepatu	Schuh, Stiefel
Schuh hoch	**sepatu tinggi**	Frauenschuh
	(sepatu) sandal	Sandale
	sabuk	Gürtel
	tas	Handtasche
Haut	**kulit**	Leder
	hiasan	Schmuck
	cincin	Ring
	(kalung) rantai	(Hals-)Kette
	anting-anting	Ohrringe
	gelang	Armband, -reif
	pérak - emas	Silber - Gold
	intan	Diamant

gading	Elfenbein	
tulang	Knochen	
ukiran kayu	Holz-Schnitzerei	*Schnitzerei Holz*
gerinding, génggong	Blasinstrument	
seruling	Flöte, Pfeife	
bangsi	Bambusflöte	
hukah, hokah	Wasserpfeife	
pisau belati, keris	Dolch	
sumpitan	Blasrohr	
topèng	Maske	
lukisan	Gemälde, Bilder	
print	Druck	
batik tulis	handgemalte Batik	
batik cap	gestempelte Batik	*cap = Stempel*
selimut - tap(e)lak méja	Decke - Tischtuch	
wayang kulit	Schattenspielfigur	

§ **Bolèh saya mencoba rok ini?**
möglich ich probieren Rock dies
Darf ich diesen Rock anprobieren?

warna (Farben)

putih - kuning	weiß - gelb	*Durch* tua
biru - hijau	blau - grün	*„alt =dunkel"*
jingga - cokelat	orange - braun	*oder* muda
mérah - hitam	rot - schwarz	*„jung = hell"*
dadu, mérah muda/jambu	hellrot, rosa	*kann man die*
mérah tua	dunkelrot	*Farbnuancen*
mérah lembayung	violett	*bestimmen.*
kelabu, abu-abu	grau, gräulich	
berwarna-warna	bunt, farbig	
polos	einfarbig	

bisnis (Geschäftliches)

perdagangan	Gewerbe (Gewerbszweig)
perwalian, pengagènan	Agentur
agèn -	Agent, Vertreter -
agèn umum	Generalvertreter
orang dagang	Händler, Kaufmann
langganan	Lieferant, Kunde
impor - èkspor	Import - Export
mengimpor	importieren
èksportir	exportieren
(si)pengirim	Absender, Spediteur
dagangan	Kauf-, Handelsware
pesan(an)	Bestellung
untung	Profit
jumlah	Summe, Menge
(se)bagian	(ein) Stück
contoh, macam	Muster, Sorte, Marke
bungkus	Paket
asuransi	Versicherung
pengiriman	Versand, Transport
biaya pengangkutan	Transportkosten
berpesan, pesan	bestellen, Auftrag geben
membungkus(i)	verpacken
mengangkut	befördern, transportieren
kirim	senden, schicken
mengirim(kan)	schicken, verschiffen

Randnotizen (links):
- *auch: Ausländer* (bei **agèn umum**)
- importir - *Importeur* (bei **mengimpor**)
- èksportir - *Exporteur* (bei **èksportir**)
- *auch: Beispiel* (bei **contoh, macam**)
- *auch: Verschiffung* / *Kosten Fracht* (bei **pengiriman** / **biaya**)

Di mana ada èksportir untuk barang ini?
in wo es-gibt Exporteur für Ware dies
Wo gibt es für diese Ware einen Exporteur?

🖉 **Saya minta harga dagang untuk batik ini.**
ich bitten-um Preis Geschäft für Batik dies
Ich bitte um den Geschäftspreis für diese
Batik.

🖉 **Berapa biji bisa membuat pèr bulan?**
wie-viel Stück können herstellen pro Monat
Wie viel Stück können Sie pro Monat
herstellen?

🖉 **Saya perlu tiga contoh macam ini.**
ich nötig drei Muster Art dies
Ich brauche drei Muster dieser Art.

🖉 **Saya mau kirim barang ini ke Jèrman.**
ich wollen schicken Ware dies nach Deutschland
Ich möchte diese Waren nach Deutschland
verschicken.

🖉 **Ada èksportir yang paling baik?**
es-gibt Exporteur welcher sehr gut
Welcher Exporteur ist der beste?

🖉 **Saya mau kirim barang-barang ini di dalam
dua hari.**
ich wollen schicken Waren dies in innen zwei Tag
Ich möchte diese Ware in den nächsten zwei
Tage verschicken.

🖉 **Siapa bisa membungkus untuk saya?**
wer können verpacken für ich
Wer kann für mich das Verpacken über-
nehmen?

Fotografieren

Fotoartikel und -zubehör erhält man fast ausschließlich in größeren Städten oder Touristengegenden. Filmentwicklung und Abzüge sind in Indonesien meistens deutlich billiger als bei uns.

cuci & cetak	Entwicklung & Abzüge
mencuci (pilèm)	(Film) entwickeln
cétakan	Abzug (vom Negativ)
foto, potrèt, gambar	Foto
kamera, alat potrèt	Fotoapparat
kamera film	Filmkamera
kamera digital	Digital-Kamera
memotrèt	fotografieren
membuat pilèm	filmen
fotokopi -	Fotokopie -
membuat fotokopi	fotokopieren
tukang potrèt, pemotrèt	Fotograf
toko potrèt	Fotogeschäft
ambil	nehmen
baru - tua	neu - alt
pilèm, film	Film
hitam putih - warna	schwarz weiß - Farbe
pilem berwarna	Farbfilm

Kamera saya rusak.
Kamera mein kaputt
Meine Kamera ist kaputt.

Ada pilèm?
es-gibt Film
Haben Sie Filme?

🦗 **Di mana ada toko pemotrèt?**
in wo es-gibt Laden Foto
Wo gibt es ein Fotogeschäft?

🦗 **Bisa mencuci pilèm ini?**
können entwickeln Film dies
Können Sie diesen Film entwickeln?

🦗 **Saya minta ambil potrèt saudara.**
ich bitten-um nehmen Foto Sie
Darf ich Sie fotografieren?

Behörden, Bank & Post

Indonesien ist ein Bürokratenstaat. Wenn man etwas Außergewöhnliches will, z. B. das Visum verlängern, ist das „Amt", kantor, unumgänglich. Alle wichtigen Büros befinden sich in den Provinzhauptstädten. Es gibt auch hier einige wichtige Regeln.

Die Bekleidung sollte ordentlich sein. Man legt auch hier sehr viel Wert auf das Äußere und auf Höflichkeit.

Es lohnt sich meistens nicht zu warten, wenn der Chef „gerade nicht da ist, aber sicherlich gleich wiederkommt". Vielleicht bringt der nächste Tag mehr Glück.

In kleineren Orten ist der Kepala Kampung, „Bürgermeister" ein guter Ansprechpartner für Informationen über Besonderheiten des Dorfes und Umgebung. Man sollte versuchen, direkt zum Kepala, „Chef", vor zu dringen. Normalerweise haben alle anderen Personen, die herumstehen oder sitzen, nicht viel Kompetenz. Die Kepala Kampung sprechen meistens kein Englisch, aber immer Bahasa Indonésia. In abgelegenen Gebieten sind das oft die einzigen, die nicht nur die Lokalsprache sprechen.

Selbst in den kleinsten und einsamsten Dörfern gibt es Schulen. Auch die Lehrer, pengajar, guru sind sehr gute Ansprechpartner.

urutan kantor (Büro- & Rangordnung)

Provinz-Chef	**Bupati**	**Kantor Bupati**
Distrikt-Chef	**Camat**	**Kantor Kecamatan**
Kopf Gemeinde	**Kepala Désa**	**Kantor Kepala Désa**
Kopf Dorf	**Kepala Kampung**	**Kantor Kepala Kampung**

sekola (Schulen)

Grundschule	**SD**	**= Sekolah Dasar**
Mittelschule	**SMP**	**= Sekolah Menéngah Pertama**
Oberrealschule	**SMA**	**= Sekolah Menéngah Atas**
Universität Indonesien	**UI**	**= Univèrsitas Indonésia**

Ein Empfehlungsschreiben vom Bupati verpflichtet die untergeordneten „Bosse" in den Gemeinde-Büros, ein Brief vom Camat bewirkt dasselbe gegenüber den Bürgermeistern usw. Die Hierarchie sollte eingehalten werden, d. h.

vom Camat also erst zum Kepala Désa, dann zum Kepala Kampung, das vermeidet böses Blut. Noch etwas: kepala heißt Kopf und sollte nicht mit kelapa (Kokosnuss) verwechselt werden.

Im übrigen bedeutet kepala kelapa „Hohlkopf".

mengisi formulir (Ausfüllen von Formularen)

nama keluarga	Familienname	*Name Familie*
nama - alamat	Name - Adresse	
alamat lengkap	vollständige Adresse	*Adresse vollständig*
tanggal - tempat lahir	Geburtsdatum - Geburtsort	
umur	Alter	
kelamin	Geschlecht	
kebangsaan - agama	Nationalität - Religion	
kartu tanda penduduk	Personalausweis	*Brief Ausweis*
nomor paspor	Passnummer	*Nummer Pass*
maksud kunjungan	Grund der Reise	*Absicht Besuch*
pekerjaan	Beruf	
kawin	Ehestand/verheiratet	
menera témpél	Gebührenmarke	*stempeln Marke*
melapor	Bericht erstatten	
tanda tangan/ tulisan tangan	Unterschrift	*Zeichen Hand / Schrift Hand*

di kantor polisi (bei der Polizei)

Auch in Indonesien kann man mal bestohlen werden. Falls das wirklich eintrifft, wird das ein Nerven aufreibendes und Tag füllendes Programm!

Behörden, Bank & Post

Saya kecurian. 🔊
ich bestohlen
Ich bin bestohlen worden.

Di mana ada kantor polisi? 🔊
in wo es-gibt Büro Polizei
Wo ist die Polizeistation?

Pencuri hilang ke ... / sana. 🔊
Dieb verschwinden nach ... / dort
Der Dieb ist nach ... / dort verschwunden.

polisi	Polizei
kantor polisi	Polizeistation
formulir	Formular
lapor	anzeigen, anmelden
curi, mencuri -	stehlen -
kecurian	bestohlen
pencuri	Dieb, Diebe, Diebin
pencurian -	Diebstahl -
kebongkaran	Einbruch-Diebstahl
hilang	verschwinden
bongkar,	einbrechen
membongkar	
asuransi	Versicherung
kunci - uang -	Schlüssel - Geld -
tas	Handtasche
paspor	Ausweis, Pass

di kantor bank (in der Bank)

bank - kurs	Bank - Wechselkurs
cabang	Zweigstelle, Filiale

mengambil uang di bank	Geld abheben	
tukar, menukar	tauschen, wechseln	
pengiriman	Überweisung	*Transport*
formulir kiriman	Überweisungsformular	
mengirim(kan)	überweisen	*verschicken*
transfér	Transfer, überweisen	
uang	Geld	
uang kontan/tunai	Bargeld	
rekening bank	Bankkonto	
kartu kredit	Scheck-/ Kreditkarte	
cek wisata	Reisescheck	
menerima	akzeptieren	
ATM (versteht jeder)	Bankautomat	

Saya mau tukar Dolar Amérika.
ich wollen wechseln Dollar Amerika
Ich möchte amerikanische Dollar wechseln.

Berapa kurs hari ini?
wie-viel Kurs Tag dies
Wie ist der Wechsel-Kurs heute?

Ada kiriman untuk saya?
es-gibt Überweisung für ich
Haben Sie eine Überweisung für mich?

Ma'af. Belum datang.
Entschuldigung. noch-nicht kommen
Tut mir Leid. Es ist noch nichts angekommen.

Tolong berhubungan cabang Jakarta.
helfen Kontakt-herstellen Zweigstelle Jakarta
Bitte kontakten Sie die Zweigstelle Jakarta.

 **Behörden, Bank & Post**

Dimana ada ATM disini?
Wo gibt-es ATM/Bankautomat hier
Wo gibt es hier einen Bankautomat?

Boleh saya bayar dengan kartu kredit?
Möglich ich zahlen mit Karte-Kredit
Kann ich mit Kreditkarte bezahlen?

di kantot pos (auf der Post)

kantor pos/kartu pos	Post /Postkarte
surat (tercatat)	(eingeschriebener) Brief
pakét	Päckchen
(surat) kawat	Telegramm
kabar kawat besar	Telegramm (int.)
èksprès	Express-Service (int.)
kilat	Express-Service (nat.)
pos udara	Luftpost
melalui	per, via
porto	Porto
meterai pos	Briefmarke
kirim	schicken, senden
menyenémpél	(ab)stempeln
pengirim/penerima	Absender/Empfänger

auch: perangko (neben **meterai pos**)

Austria - *Österreich*   **Saya mau kirim surat ini ke Jèrman.**
Swiss - *Schweiz*   *ich wollen schicken Brief dies nach Deutschland*
Belanda - *Niederlande*   Ich möchte diesen Brief nach Deutschland schicken.

Mau kirim pos udara?
wollen senden Post Luft
Möchten Sie ihn per Luftpost verschicken?

140 seratus empat puluh

⟩ **Saya minta menyenémpel surat ini sekarang.**
ich bitten-um stempeln Brief dies jetzt
Bitte stempeln Sie diesen Brief sofort ab.

Telefonieren

Telefongespräche führt man normalerweise vom Kantor Télépun, „Telefonamt", WARTEL = warung télépun oder Kantor Télékomunikasi, „Telekommunikationsbüro" aus, da es außerhalb der Großstädte wenige Privatanschlüsse gibt.

télpon, tilpun, télépon	Telefon	
menélépon	telefonieren	
pembicaraan télpon	Telefongespräch	
nomor télpon	Rufnummer	
kode	Vorwahl	
kode negeri	Ländervorwahl	
kode wilayah	Gebietsvorwahl	
menélépon	anrufen	
sambung	verbinden	
saluran, line	Verbindung	
memilih	wählen	
interlokal	Ferngespräch	*innerhalb Indonesiens*
luar negeri	Ausland	
dalam negeri	Inland	
putus	unterbrochen	
buku télpon	Telefonbuch	
télpon genggam	Mobiltelefon	
kartu télpon	Telefonkarte	
pulsa	Telefoneinheit	

Telefonieren

Ein ganz normales indonesisches Telefongespräch kann wie folgt ablaufen:

Klaus „K" ruft K: **Hallo! Nama saya Klaus.**
Wayan „W" an: **Saya télépon dari ....**
Hallo! Name mein Klaus. ich telefonieren von...
Hallo! Mein Name ist Klaus. Ich rufe aus ... an.

W: **Hallo! Cari siapa, Pak?**
Hallo! Suchen wer, Pak?
Hallo! Wen möchten Sie sprechen?

K: **Saya mau bicara dengan Ibu Watih!**
Ich wollen sprechen mit Mutter Watih.
Ich möchte bitte mit Frau Watih sprechen.

Mit ein wenig Glück **Ibu Watih ada di rumah?**
kann man dann die *Ibu Watih es-gibt in Haus*
gewünschte Person Ist Ibu Watih zu Hause?
sprechen, oder das
Gespräch fängt W: **Tunggu sebentar, saya panggil.**
mit einer ganz *warten Augenblick, ich rufen*
anderen Person Einen Augenblick, bitte! Ich rufe sie.
von vorne an.

Ada orang yang bicara bahasa Ingg(e)ris?
es-gibt Mensch welcher sprechen Sprache Englisch
Gibt es jemanden, der Englisch spricht?

Besok saya coba télépon lagi.
morgen ich versuchen telefonieren wieder
Ich rufe morgen noch einmal an.

Ma'af, saya tekan nomor salah.
Entschuldigung, ich wählen Nummer falsch
Entschuldigung, ich habe die falsche
Nummer gewählt.

Ma'af, salah sambung!
*Entschuldigung, falsch
verbunden!*

Dari mana?   **Dari Peter.**
von wo   *von Peter*
Wer ist am Apparat?   Peter ist am Apparat.

internet (Internet)

In vielen größeren Städten und vor allem in
Touristenzentren befinden sich an jeder Ecke
Internetcafés. Viele Computer- und Internet-
begriffe sind Englisch und werden einfach
nur mit indonesischer Betonung ausgesprochen.

Dimana ada warnèt disini?
Wo gibt-es warung-internet hier
Wo gibt es hier ein Internetcafé?

Bérapa harga untuk satu jam di komputer?
Wie-viel Preis für ein Stunde im Computer
Wie viel kostet die Nutzung des Computers
pro Stunde?

Saya mau check/kirim email.
Ich möchte abrufen/verschicken E-Mail
Ich möchte gerne E-Mails abrufen/verschicken.

alamat internet	Internet Adresse
konèksi internet	Internetverbindung

Krank Sein

In Indonesien gibt es keine privaten oder gesetzlichen Krankenversicherungen, jeder Arztbesuch, Krankenhausaufenthalt oder die Medikamente müssen privat bezahlt werden.

apotik	Apotheke
toko obat	Drogerie
rumah sakit	Krankenhaus
PUSKESMAS	staatliches Gesundheitszentrum
ambulan	Krankenwagen
darurat/kecelakaan	Notfall/Unfall
sakit	krank sein
tidak enak badan	sich krank fühlen

Tolong beli obat untuk saya di apotik.
helfen kaufen Medizin für ich in Apotheke
Bitte kaufe Medizin für mich in der Apotheke.

Di mana ada rumah sakit yang paling baik?
in wo es-gibt Haus krank welcher meist gut
Wo gibt es ein sehr gutes Krankenhaus?

Tolong! Panggil taksi!
helfen! rufen Taxi
Bitte, rufe ein Taxi.

Bawah saya/kami ke rumah sakit.
bringen ich/uns nach Haus krank
Bringen Sie mich/uns zum Krankenhaus.

doctèr (Ärzte)		
doktèr	Doktor	
juru rawat	Krankenschwester	*auch: Krankenpfleger*
dukun	traditioneller Heiler	
ahli penyakit kelamin	Arzt für Geschlechts-krankheiten	
ahli mata	Augenspezialist	
ahli penyakit kulit	Hautarzt	
ahli jantung	Herzspezialist	ahli THT =
ahli penyakit dalam	Internist	HNO Arzt;
doktèr gigi	Zahnarzt	*Ohr-Nase-Hals;*
doktèr anak	Kinderarzt	T = telinga „*Ohr*",
doktèr spesialis	Facharzt	H = hidung „*Nase*",

T = tenggorok(an), „*Rachen*"

Saya sakit. **Sakit apa?**
ich krank *krank was*
Ich bin krank. Was fehlt dir / Ihnen?

Ada doktèr dekat di sini?
es-gibt Doktor nah in hier
Gibt es in der Nähe einen Arzt?

Saya sakit inpluénsa.
ich krank Grippe
Ich habe Grippe.

Saya perlu obat untuk mencerét.
ich nötig Medizin für Durchfall
Ich brauche Medizin gegen Durchfall.

Tolong! Kaki teman saya patah.
Hilfe! Bein Freund ich gebrochen
Hilfe! Das Bein meines Freundes ist gebrochen.

penyakit (Krankheiten / Beschwerden)

penyakit	Krankheit
sakit - sehat	krank - gesund
luka	Wunde
lecet	Schnitt
infèksi	Infektion
tular	ansteckend
kolera	Cholera
malaria	Malaria
penyakit anjing gila	Tollwut
kusta	Lepra
penyakit kotor	Geschlechtskrankheit
gatal, kegatalan	jucken, Juckreiz
angina	Angina
inpluènsa	Grippe
flu, pilèk	Erkältung
batuk	Husten
radang paru-paru	Lungenentzündung
demam	Fieber
pusing	Kopfschmerzen
kejang	Krampf
asma	Asthma
penyakit gula	Diabetes
gembung	Blähungen
sembelit	Verstopfung
menceret	Durchfall
muntah	erbrechen
gelegata	Ekzem, Nesselfieber
kondor(an)	Leistenbruch
patah	gebrochen
luka bakar	Verbrennung
sakit gigi	Zahnschmerzen

auch: masuk angin, *(hereinkommen Wind)*

Möchte man ausdrücken, dass man an einer bestimmten Krankheit leidet, kann man penyakit, „Krankheit" mit einem Körperteil oder mit einem Wort kombinieren, das diese Krankheit charakterisiert, wie: penyakit gula *„Krankheit Zucker"* = Diabetes, penyakit busung *„Krankheit Schwellung"* = Ödem, penyakit barang *„Krankheit Gegenstand"* = Nierenstein, penyakit kulit *„Krankheit Haut"* = Hautkrankheit, penyakit mata *„Krankheit Auge"* = Augenkrankheit, penyakit saraf *„Krankheit Nerv"* = Neurose. Mit diesem Behelf kann es zwar mal passieren, dass man sich nicht korrekt ausdrückt, aber man wird in den meisten Fällen verstanden.

obat & pengobat (Medizin & Behandlung)

diagnose	Diagnose
penilitian	Behandlung
mengerjakan	behandeln
obat	Medikament, Heilmittel
tablét	Tablette, Pille
sirop	Saft, Tropfen
minum	einnehmen, trinken
di dalam	innen, innerlich
balut	Verband, Binde
plèster	Verband, Pflaster
komprès	Umschlag, Kompresse
sehari	pro Tag, täglich
gosok	einreiben, reiben
di luar	außen, äußerlich
B-test	Schwangerschaftstest

Die *traditionelle, homöopathische Medizin heißt* jamu. *Traditionelle Heiler heißen* dukun.

Kasih suntik, tidak bolèh. Saya hamil.
geben Spritze, nicht dürfen. ich schwanger
Sie dürfen mir keine Spritze geben.
Ich bin schwanger.

Obat ini untuk minum tiga kali sehari.
Medizin dies für trinken drei Mal ein-Tag
Diese Medizin dreimal täglich einnehmen.

Saya perlu kwitansi untuk asuransi saya.
ich nötig Quittung für Versicherung ich
Ich brauche eine Quittung für meine
Versicherung.

**Saya minta surat diagnosa untuk asuransi
saya, Pak/Ibu doktèr.**
*ich bitten-um Brief Diagnose für Versicherung ich,
Vater/Mutter Doktor*
Ich bitte um eine schriftliche Diagnose für
meine Versicherung.

Körperteile

badan, tubuh - kepala	Körper - Kopf
lengan - tungkai, kaki	Arm - Bein, Fuß
tangan	Hand, Unterarm
jari - jari kaki	Finger - Zeh
léhér - hidung	Hals - Nase
telinga - mata	Ohr - Auge
mulut - bibir	Mund - Lippen
dada	Brust(korb)
buah dada	Brüste (weibl.)
punggung	Rücken

bahu	Schulter
pundak	Schulter, Nacken
lutut	Knie
sendi - (urat) saraf	Gelenk - Nerv
paru-paru	Lunge
lambung, perut	Magen, Bauch
usus - kandung kemih	Darm - Blase
ginjal, buah pinggang	Nieren
hati	Herz, Leber
otot	Muskel, Sehne
kulit - tulang	Haut - Knochen
gigi	Zahn, Zähne
lidah	Zunge

Für Indonesier ist der Sitz der Seele die Leber, daher ist hati *gleichbedeutend mit „Herz"*

Toilette & Co.

Indonesier legen sehr viel Wert auf Sauberkeit. Täglich wird zwei- bis dreimal geduscht. In Hotels und auch fast immer in kleinen Pensionen wird man eine normale Dusche vorfinden, aber in abgelegenen Gebieten sieht ein kamar mandi folgendermaßen aus: im Raum befindet sich ein gekacheltes Becken, daneben oft das Hock-Klo. Irgendwo in diesem Raum gibt es immer eine knallbunte Schöpfkelle in blau, grün, gelb, rot oder lila, mit der man das Wasser aus dem Becken schöpft und sich damit übergießt.

Toilette & Co.

	kamar mandi	Bade- und Waschraum
Zimmer baden	**kamar mandi**	Bade- und Waschraum
Zimmer klein	**kamar kecil**	Toilette
	mandi	duschen, sich waschen
schon baden	**Sudah mandi?**	Schon geduscht?

In Indonesien sucht man oft vergeblich nach getrennten Toiletten für Männer und Frauen. Oft gibt es überhaupt keine Toiletten. In kleinen, abgelegenen Dörfern werden meist der Fluss, Bach oder für kleinere Geschäfte irgendwelche Sträucher benutzt. Mit der Frage „Di mana bisa buang air?" „wo können wegwerfen Wasser" lässt sich herausfinden, an welcher Flussstelle die „Dorftoilette" ist.

kakus	Toilette
Laki-laki/Pria	Männer-WC
Perempuan/Wanita	Frauen-WC
WC umum	öffentliche Toilette

wegwerfen Wasser groß	**buang air besar**	Stuhlgang haben
wegwerfen Wasser klein	**buang air kecil**	Notdurft verrichten, urinieren

Saya harus ke kamar kecil! Cepat!
ich müssen nach Zimmer klein! schnell
Ich muss zur Toilette. Schnell!

Saya harus ke belakang.
ich müssen nach hinten
Ich muss mal austreten (*dezenter*).

Hygiene- & Kosmetikartikel

krém (bayi)	Creme (Baby-)
minyak	Öl (Körper-)
pinset, sepit, angkup	Pinzette
pembalut wanita	Damenbinden
tampon	Tampons
kondom	Kondom
alat cukur	Rasierapparat
pisau silèt	Rasierklingen
pisau cukur	Rasiermesser
wangi-wangian	Rasierwasser
déo	Deo
obat désinfèksi	Desinfektionsmittel
sisir	Kamm
sikat sisir	Haarbürste
lap tangan, lap handuk	Handtuch
sabun - sampu	Seife - Shampoo
sapu tangan	Taschentücher
alat kecantikan	Kosmetik
koton	Watte
kikir kuku	Nagelfeile
gunting kuku	Nagelschere
sikat gigi	Zahnbürste
minyak wangi, parfum	Parfum
pasta gigi / tapal gigi	Zahnpasta
kosmetika	Kosmetik

Schimpfen & Fluchen

So eigenartig es auch klingen mag, es gibt keine wirklichen Schimpfwörter in der indonesischen Sprache. Der Grund dafür liegt auf der Hand: Indonesisch ist übergeordnete Verkehrs-, Handels- und Mediensprache. Jeder Indonesier wächst mit seiner regionalen Muttersprache auf und lernt meistens erst in der Schule Bahasa Indonésia. Bahasa Indonésia ist sozusagen für alle Indonesier eine Fremdsprache, mit der sie sich untereinander verständigen können. Wer einmal schimpfen oder fluchen will, tut das in seiner Muttersprache. Trotz alledem gibt es ein paar Schimpfwörter, die man aber wirklich nicht anwenden sollte:

makian		Beschimpfung
kurang cahaya	*wenig Licht*	unterbelichtet
kepala kelapa	*Kopf Kokosnuss*	Hohlkopf
kepala kosong	*Kopf leer*	Dummkopf
otak beton	*Gehirn Beton*	Betongehirn
goblok		Blödmann

Für Indonesier, die ausgesprochen viel Wert auf Höflichkeitsformen legen, ist das ein Schlag ins Gesicht. Die letzten beiden Ausdrücke sind nur im absoluten Notfall einzusetzen.

Gerät man in eine Situation, in der man sehr bedrängt wird (das gilt vor allem für Frauen), kann man die härtesten aller Beschimpfungen verwenden:

kurang ajar	wenig gebildet, gelehrt
kurang sopan	wenig höflich

Literaturhinweise

Lehrbücher / Grammatiken

Bahasa Indonesia, Nothofer/Pampus, J. Groos 2004, Lehrbuch Teil 1, 247 Seiten. Dazu gibt es ein Wörterbuch und 4 Kassetten. *(das meines Erachtens beste Lehrbuch)*

Bahasa Indonesia, Langkah Baru: a new approach, Y. Johns/R. Stokes, Faculty of Asian Studies in association with Australian National University Press 1994. *(Grammatik, Dialoge, viele Übungen, leider auf Englisch)*

Die hier aufgeführten Bücher sind nicht über den Reise Know-How Verlag Peter Rump GmbH erhältlich. Bitte wenden Sie sich an Ihre Buchhandlung.

Wörterbücher

Deutsch-Indonesisches Wörterbuch / Kamus Jerman-Indonesia, A. Heuken, Yayasan Cipta Loka Caraka PT Gramedia, Jakarta 1987, 40.000 Stichwörter. *(nur in Indonesien erhältlich)*

Langenscheidts Wörterbuch Deutsch-Indonesisch, A. Heuken, Langenscheidt 2001, 662 S., 50.000 Stichwörter.

Wörterbuch Deutsch-Indonesisch, Kahlo/Simon-Bärwinkel, Hueber 1989, 400 Seiten, 18.000 Stichwörter.

Indonesisch-Deutsches Wörterbuch, Prof. Dr. Karow / Dr. Hilgers-Hesse, Harrassowitz 1986, 494 S. *(das beste Wörterbuch; verwendet allerdings noch die alte Schreibweise, großer Vorteil: alle Ableitungen (Vor- und Nachsilben) werden unter dem Grundwort aufgeführt)*

Wörterbuch Indonesisch-Deutsch, Krause, Hueber 2002, 1.058 S.

Ein einfaches und schnelles Internetwörterbuch mit ca. 15.000 Wörtern ist unter www.jot.de zu finden.

In der Wörterliste können Wörter oder Buchstaben in Klammern entfallen. Wörter, zwischen denen ein Schrägstrich steht, können untereinander ausgetauscht werden

Abkürzungen:

a.	*auch*
europ.	*europäisch*
etw.	*etwas*
finanz.	*finanziell*
jem.	*jemanden*
KW	*Kategoriewort*
n.	*nicht*
nachgest.	*nachgestellt*
örtl.	*örtlich*
Steig.	*Steigerung*
vorangest.	*vorangestellt*
zeitl.	*zeitlich*

A

abbiegen (umkehren) bélok
Abend malam
Abendessen makanan, malam
aber tetapi
abgekocht rébusan
abreisen berangkat, pergi
Absicht maksud
Adresse alamat
Akku (Auto) aki
alle segala, semua, sekalian
alle(s) semua
alleine sendiri
allerlei berbagai
als (Vergleich) dari(pada)
als (zeitl.) waktu, bila, ketika, masa
alt (antik) kuno
alt (Dinge) lama
alt (Personen) tua
Alter (Lebens-) umur
altmodisch kuno
am meisten paling
an di
andere(r, -s) lain
Anfang permulaan
anfangen (me)mulai
Angestellte(r) pegawai
Angst takut
ängstlich takut
ankern berlabuh
ankommen tiba, sampai
anprobieren mencoba
anstatt sebagai ganti

Antwort jawaban
antworten menjawab
Apotheke apotik
Arbeit kerja
arbeiten bekerja
Arbeiter(in) pekerja
ärgern, sich ... über merasa marah tentang
arm (sein) miskin
Arm lengan
Art macam
Arzt / Ärztin dokter
Aschenbecher asbak
auch juga
auf di atas
aufgehen (Sonne) terbit
aufmerksam berhati-hati
aufstehen bangkit, bangun
aufwachen bangun
Auge mata
aus (Material) dari(pada)
aus (zu Ende) habis
Auslegerboot sampan
ausruhen (ber)istirahat
außer selain (dari)
Auster tiram
Auto mobil

B

Baby bayi, orok
backen membakar
baden mandi
Badezimmer kamar mandi

Bahnhof setasiun
bald nanti
Bambus bambu
Bank (finanz.) bank
Bargeld uang kontan
Batik batik
Batterie baterai
Bauch perut
Bauer petani
Baum pohon
bedeuten berarti
Bedeutung arti
bei di, pada
Bein (Fuß) kaki, tungkai
beinahe (fast) hampir
beischlafen kawin,
 sanggama
Beispiel contoh
bekommen (men)dapat
benutzen memakai
Benzin bènsin
bequem énak
bereit (sein) siap
bereits (schon) sudah,
 telah
Berg gunung
Bericht lapor
Beruf pekerjaan
beschädigt rusak
besitzen punya
besser lebih baik
bestellen memesan,
 pesan
Bestellung pesanan
besten, am paling baik
besuchen
 berkunjung mampir
betrunken mabuk
Bett tempat tidur
Bettdecke/-laken
 seperai

betteln minta
bevor sebelum
Bewohner penduduk
bezahlen (mem)bayar
bezahlen, im voraus
 membayar dimuka
Biegung bélok
Bier bir
Bild lukisan
billig murah
bis sampai, hingga
bisschen, ein sedikit
bitte! silahkan!, tolong!,
 minta!
bitter pahit, tawar
Blatt (Papier) lembaran
Blatt (Pflanze) daun
bleiben tinggal
bloß (nur) saja
Blume bunga
Bluse keméja
Blut darah
Boden (Erde) tanah
böse (schlecht) jelèk
Botschaft
 Kedutaan Besar
Brauch (Sitte) adat,
 kebiasaan
brauchen perlu
Brei (Kinder-) pap
Brei (Reis-) bubur nasi
Brief surat
Brille kaca mata
bringen membawa
Brot roti
Brücke jembatan
Bruder saudara, laki-laki
Buch buku
Buchgeschäft
 toko buku
Bucht teluk, ceruk

Bürgermeister
 Kepala Kampung
Büro kantor
Bus bis
Butter mentéga

C

Celsius derajat
chartern menyewa
Chauffeur sopir
Chef kepala
Chinese Tionghoa
Chirurg ahli bedah
Christ Kristen
Christentum
 agama kristen
Computer komputer
Container kontainer
Couch kursi panjang
Creme krém

D

da di situ
da sein ada
damals di kala itu
damit (um zu) supaya,
 agar (supaya)
damit nicht
 supaya jangan
danach kemudian
daneben di sebelah
danke! terima kasih!
dann kemudian, lalu
Datum tanggal
Dauer lamanya
Decke (Bett-) selimut

defekt rusak
denken (an) memikir(i)
denken (nach-) berpikir
deponieren titip
deshalb karena itu
dick gemuk
Dieb(in) pencuri
Diebstahl pencurian
dies(-e, -er, -s) ini
direkt terus, langsung
doch tetapi
Doktor dokter
Dolch keris
Dorf désa, kampung
dort (hinten) di sana
dorthin ke sana
draußen di luar
draußen, nach ... gehen
  keluar
drinnen di dalam
Drogerie toko obat
dumm bodoh
dunkel gelap
dünn (fein) halus, tipis
durch (hin-) terus
dürfen boléh
Durst, durstig haus

E

Ebbe air surut
eben (flach) datar
eben erst baru
Ehefrau istri
Ehemann suami
Ehre, Ehrerbietung
  hormat
Ei telur
eigentlich sebetulnya

einbrechen
  membongkar
einfach mudah
einige beberapa
einladen mengundang
Einladung undangan
einmal sekali
Einschreiben
  (surat) tercatat
einsteigen naik
Einwanderungsbüro
  Kantor Imigrasi
einwilligen kabul
Eis (Speise-) èskrim
Eis(würfel) ès(batu)
Elektrizität listrik
Eltern orang tua
empfinden merasa
Ende akhir
eng (schmal) sempit
entfernt (weit) jauh
Entschuldigung!
  Ma'af!, Permisi (dulu)!
entweder ... oder
  atau ... atau pun
entwickeln (Filme)
  mencuci
Entzündung infèksi
er dia, ia
Erdnüsse kacang
erhalten mendapat,
  menerima
erinnern, sich ingat
Erkältung masuk angin
erklären menerangkan
Erlaubnis ijin
erlaubt boléh
Ersatz ganti
Ersatzteil (Kfz)
  bagian pengganti, onderdil

erscheinen terbit
erschöpft létak
erste(-r, -s)
  yang pertama
erstens pertama
ertragen (aushalten)
  tahan
erwachsen déwasa
Erwachsene(r) déwasa
erzählen (mem)bilang
Erzeugnis buatan
essen makan
Essen makanan
Essensstand warung
Export èkspor
Express èksprès

F

Fabrik pabrik
fähig sein (zu tun)
  tahu
Fähre tambangan, feri
fahren mit naik
Fahrkarte karcis
Fahrrad sepéda
fallen jatuh
falsch salah
Familie keluarga, pamili
Farbe warna
fast (beinahe) hampir
fasten berpuasa
Fastenzeit waktu puasa
faul (träge) malas, lamban
Feiertag hari raya
feilschen menawar
fein (dünn) halus
Feind musuh
Fenster jendéla

fertig (sein) habis, siap, selesai
festhalten (etw.) memegang
feucht lembab
Feuer api
Fieber demam
Film film, pilèm
finden (entdecken) menemukan
Fisch ikan
flach (eben) datar
Flasche botol
Fleisch daging
fleißig (aktiv) rajin, giat
Fliege lalat
fliegen terbang
Flughafen lapangan terbang
Flugzeug kapal terbang
Fluss kali, sungai
Flut air pasang
folgen ikut
fortgehen pergi
fortlaufen lari
Fotoapparat alat potrèt, kamera
fotografieren memotrèt
fragen bertanya
Frau (Anrede) Nyonya
Frau perempuan, wanita
Fräulein (Anrede) Nona
frech (unartig) nakal
Fremder orang asing
Freund teman
Frieden perdamaian
frisch sejuk
fröhlich gembira, riang
Front (Vorderseite) hadapan

Frucht buah
früher tadi, dulu, dahulu
Frühstück makanan pagi
fühlen (empfinden) berasah
führen (leiten) memimpin(kan)
für untuk
Fuß kaki
Fußweg jalan setapak

G

Gabel garpu
gar masak
Garten kebun
Gasse (kleiner Weg) gang
Gästehaus wisma
geben (mem)beri
Gebiet (Region) daérah
gebildet ajar
geboren (werden) lahir
gebraten gorèng
gebrochen (entzwei) patah
Gedanke (Idee) rasa, pikir(an)
Geduld sabar
Gefahr bahaya
gefährlich berbahaya
Gefühl rasa, perasaan
gehen pergi
gehen, nach Hause pulang
gehen, zu Fuß jalan kaki
gekocht rébus

gekränkt sakit hati
Geld uang
gemacht dibuat
Gemüse sayur(-sayuran)
genau teliti, tepat
genug cukup
gerade (etw. tun) sedang, lagi *(vorangest.)*
geradeaus terus, langsung, jurus
gerne haben (jem.) nenang dengan, cinta (akan), mencintai
gerne tun / mögen senang, suka
Geschäft (Laden) toko
geschäftlich dagang
Geschenk hadiah
geschickt (fähig) pintar
geschieden (von) bercerai (dengan)
geschlossen tutup
Geschmack rasa
Geschwindigkeit kecepatan
Gesicht muka
Gespräch cakap
gestern kemarin
gesund (sein) sehat, segar
Gesundheit sehat
Getränk minuman
gewinnen menang
gewöhnlich biasa
gibt es ada
Gift bisa, racun
Glas (Fenster-) kaca
Glas (Trink-) gelas
glatt licin
glauben percaya

gleich (später) sebentar
gleich sein seperti
glitschig (Straße) licin
glücklich berbahagia
Gold emas
Gott Tuhan
Gras ramput
Grenze batas
Grippe inpluènsa
groß besar
Großstadt kota besar
Grund (Ursache) sebab
Gruppe rombongan
grüßen memberi salam,
  memberi hormat
Gürtel ikat pinggang
gut bagus, baik

Haar rambut
haben (besitzen) punya
Hafen labuhan
Hafen (pe)labuhan
halb seténgah
Hälfte téngah
Hammer palu
Hand tangan
handeln menawar
Händler orang dagang
Handtuch handuk
Handwerker tukang
hart keras
hässlich buruk, jelèk
Hauptstadt ibu kota
Haus rumah
Hausangestellte
  pembantu rumahtangga
Hausfrau (-herrin)
  ibu rumahtangga

Haut kulit
heimkehren pulang
Heirat kawin, nikah
heiraten kawin, nikah
heiß panas
hektisch ramai
helfen membantu, bantu
hell (klar) terang
Hemd keméja
hergestellt dibuat
Herr tuan
herrlich sedap
herstellen membuat,
  (mem)bikin
Hersteller pembuat
heute hari ini
hier di sini
Hilfe bantu
Hilfe! tolong!
Himmel langit
hinabsteigen turun
hinaufgehen naik
hineingehen masuk
hinfallen jatuh
hinlegen, sich
  berbaring
hinten di belakang
Hitze panas
hoch tinggi
hoffen harap
Höhle gua
holen (nehmen)
  (meng)ambil
Holz kayu
Honig madu
hören (zuhören)
  mendengar, dengar
Hose celana
Hotel hotèl, wisma
Huhn ayam

Hühnerfleisch
  daging ayam
Hund anjing
Hunger, hungrig lapar

ich saya
ideal sempurna
Idee pikiran
Idiot orang gila
Imbiss makanan ringan
immer selalu, selamanya
impfen menyuntik
Impfung vaksinasi,
  suntikan
Import impor
indem sambil, jedang
Industrie industri,
  kerajinan
Information
  penerangan, informasi
Inhalt isi
Inhaltsverzeichnis
  daftar isi
Injektion suntik
inklusive termasuk
inmitten di tengah,
  tengah
in(nen) di dalam
Inneres dalam
ins, in das ke dalam
Insekt serangga
Insel nusa, pulau
Inselbewohner
  penduduk pulan
insgesamt semuanya
insofern sejauh,
  sampai begitu

intakt utuh
intelligent pandai, cerdas
intensiv intensip
interessant menarik, interesan
Interesse perhatian
international sedunia, international
intim intim
inzwischen selama itu
irgendeine(r) seseorang
irgendwann kapan-kapan
irgendwo dimana saja
Ironie ironi
irre gila, bingung
irreführen menyesatan
Islam islam

J

ja ya
Jacke baju, jakèt
Jagd pemburuan
jagen berburu
Jahr tahun
jahrelang bertahun, tahun
Jahreswechsel pergantian tahun
Jahreszeit musim
jährlich tiap tiap tahun
jähzornig cepat marah
Jahrzehnt dékade
jawohl ya, betul
jede(r, -s) tiap(-tiap), setiap
jedermann setiap orang
jedesmal tiap kali

jedoch tetapi
jemals pernah
jene(r, -s) itu
jetzt sekarang
jucken gatal
jugendlich muda
Jugendliche pemuda
jung muda
Junge anak laki laki
jünger lebih muda
just baru saja
Juwelier tukang emas/intan
Jux luca, banyolan

K

Kaffee kopi
Kakao coklat
kalt dingin
Kamm sisir
kaputt (zerbrochen) rusak
Kasse kas
Kassierer kasir
Katze kucing
kaufen (mem)beli
kein(e, -er) bukan
Kellner pelayan
kennen kenal, tahu
Kerze lilin
Kilogramm kilo
Kilometer kilométer kilo
Kind anak
Kinderarzt dokter kanak-kanak
Kino bioskop
Kissen bantal
Klasse kelas

Kleidung pakaian
klein kecil
klug pandai, pintar
Knochen tulang
kochen (me)masak
Kokosnuss kelapa
komfortabel énak
komisch (ulkig) lucu
kommen datang
Kondom kondom
König(in) raja, ratu
können sanggup, bisa
Konsulat konsulat
Kontakt hubungan
Kopf kepala
Koralle(n) karang
Körper tubuh, badan
kosten berharga
köstlich sedap, énak
Krabben udang
krank (sein) sakit
Krankenhaus rumah sakit
Küche dapur
Kuchen kué
kühl sejuk
kurz pèndèk, singkat
Kuss cium, cucup
küssen mencium, mengucupi

L

lachen tertawa, ketawa
Laden toko
Lamm domba
Lampe lampu
Land (Boden) tanah
Land (Staat) negeri

lang panjang
lange (Zeit) lama
langsam lambat
langsam pelan-pelan
langweilig
  (men)jemu(kan), bosan
lasst uns ...!
  mari(lah) kita ...!
laufen (rennen)
  lari
leben hidup
Leben kehidupan
Leber hati
Leder kulit
leer kosong
legen (stellen)
  meletakkan
lehren mengajar
Lehrer(in) pengajar, guru
leicht (mühelos)
  mudah
leicht énténg
leider sayang
lernen belajar
lesen membaca
Liebe cinta, kasih,
  sayang
lieben mencintai,
  mengasihi, menyayangi
lieblich (süß) manis
Lied lagu
links kiri
Liste daftar
Loch lobang
Löffel séndok
Lohn (Gehalt) gaji
Luft(raum) udara
Luftpost pos udara

M

machen (tun) membuat,
  membikin
Mädchen gadis
Mal (ein-) kali
manchmal
  kadang-kadang
Mann laki
Markt pasar
Maske topèng
Matsch (Schlamm)
  lumpur
Medizin (Arznei) obat
Meer laut
mehr lebih
meinen (denken)
  mengira
Meinung pendapat, rasa,
  kira
Menge (Anzahl) jumlah
Mensch orang
Messer pisau
Miete séwa
mieten menyéwa
Milch susu
Milch (Kondens-)
  susu kental
Milch (Voll-)
  susu lengkap
Mineralwasser
  air mineral
minus kurang
Minute ménit
mit dengan
Mittag siang
Mittagessen
  makanan siang
Mitte téngah
möchten (wollen) mau

mögen (gerne tun)
  suka, senang
möglich sein boléh
Moment sebentar
Monat, Mond bulan
morgen bésok
Morgen, der pagi
morgens pagi-pagi
Moschee mésjid
Moskito nyamuk
Moskitonetz kelambu
Motorboot kapal motor
Motorrad sepéda motor
müde (erschöpft) lelah
Muschel kerang
Museum musium
müssen mesti, harus
Muster contoh
mutig berani
Mutter ibu
Muttersprache
  bahasa ibu

N

nach (zu) ke
nachdem sesudah,
  setelah
nachher nanti, kemudian
Nachmittag soré, petang
Nachricht kabar, berita
Nacht malam
nah dekat
Name nama
nass basah
Nationalität
  kebangsaan
neben di sebelah
nehmen (meng)ambil

nein tidak
nett (gut) baik
neu baru
nicht tidak
nicht ... sondern
  tidak ... melainkan
nie tidak pernah
niedrig rendah
noch masih
noch (immer) lagi
noch mehr masih lagi
noch nicht belum
noch nie belum pernah
Norden utara
normal (üblich) biasa
nötig (sein) usah, perlu
Nudeln mi, bihun, bakmi
Nummer nomor
nur saja, hanya
Nutzen, Vorteil guna

O

oben (auf) di atas
Oberseite atas
Obst(sorten)
  buah(-buahan)
Obstsaft sari buah
obwohl walaupun,
  mèskipun
oder atau
offen (geöffnet) buka,
  terbuka
öffentlich umum
öffnen membuka
oft sering, berkali-kali
ohne tanpa
Öl (Speise-, Parfüm-)
  minyak

Öl (Motor-) oli
Osten timur

P

Paket bungkus, pakét
Panne (Auto-)
  mogoknya kendaraan
Papier kertas
parken memarkir, parkir
Pass paspor
Passagier penumpang
Pension losmén
Personalausweis
  surat keterangan
Pfeffer mérica, lada
Planze tumbuhan
Platz tempat
plötzlich tiba-tiba
plus tambah
Polizei polisi
Polizeiwache
  kantor polisi
Postamt kantor pos
Postkarte kartu pos
Preis harga

Q

Qualität kwalitèt
Quantität jumlah
Quelle (Wasser)
  mata air
Quittung kwitansi

R

Rabatt potongan, rabat
rauchen merokok
rechts kanan
reden (ber)bicara
Regen, regnen hujan
reich kaya
reif masak
Reis (gekocht) nasi
Reis (geschält) beras
Religion agama
rennen (laufen) lari
reparieren perbaiki
Restaurant
  réstoran, rumah makan
richtig betul
Richtung jurusan
riechen mencium
Rikscha bécak
Rind sapi, lembu
Rindfleisch daging sapi
Ring cincin
Rock (europ.) rok
Rückseite belakang
rufen memanggil
Ruhe (Pause) istirahat
ruhelos, nervös gelisah

S

Saft air
sagen berkata
Salz garam
salzig asin
Sand pasir
satt kenyang
sauber bersih

sauber machen membikin bersih

sauer asam

Schachtel kotak

schade sayang

Schaden (Defekt) kerusakan

Schaden (Nachteil) rugi

Schalter (Karten-) lokèt

scharf (heiß) panas

scharf gewürzt pedas

scheiden, sich cerai

Schere gunting

schicken kirim

Schiff kapal laut

schlafen tidur

Schlafzimmer kamar idur

schlagen pukul, memukul

Schlange ular

schlecht kurang baik,

schließen menutup(i), tutup

Schloss ibu kunci

Schluss habis

Schlüssel kunci

Schmerz sakit

Schmuck hiasan

schmutzig kotor

schnell cepat, lekas

Schnitzerei ukiran

Schokolade coklat

schon sudah, telah

schon einmal sudah pernah

schön (Dinge) baik, bagus, indah

schön (Frauen) cantik

Schrank lemari

schreiben menulis

schreien menjerit

Schuh sepatu

Schüler(in) murid, pelajar

schwach lemah

Schwein babi

Schweinefleisch daging babi

schwer berat

Schwester saudara perempuan

schwierig (mühevoll) sulit, sukar

Schwierigkeit kesulitan

schwimmen berenang

See (Binnen-) danau

seekrank mabuk laut

Segelboot perahu

Segelschiff kapal layar

sehen lihat

sehr sekali

Seide sutera

Seife sabun

Seil (Schnur) tali

seit(dem) sejak

Seite samping, sisi

Sekunde détik

setzen, sich duduk

sicher (sein) aman

sie dia, ia *(Ez)*, meréka *(Mz)*

Sie (höflich) saudara

Silber pérak

singen bernyanyi

sitzen duduk

Sitzplatz tempat duduk

so dass sehingga

sodann lalu, kemudian

soeben (gerade) tadi

sofort seketika

Sohn anak laki-laki

Sommer musim panas

sondern melainkan

Sonne mata hari

sowohl ... als auch mana ... mana

später (hari) kemudian, nanti

spazierengehen jalan-jalan

Speise makanan

Speisekarte daftar makanan

speziell (besonders) khusus, istiméwa

Spiel permainan

spielen (ber)main

Sprache bahasa

sprechen bicara

Staat negara, negeri

Stadt kota

stark (kräftig) kuat

Station setasiun

stehlen (men)curi

steil curam

Stein batu

sterben meninggal

Stern bintang

still sein diam

Stoff kain

stoppen (anhalten) berhenti

stören (belästigen) menganggu

Strand pantai

Straße jalan

Streichhölzer korèk api

Strömung arus

Student(in) mahasiswa, pelajar

Stuhl kursi

Stunde jam

suchen mencari
Süden selatan
Summe jumlah
Suppe sop, gulai, soto
süß manis
Süßigkeiten gula-gula
Swimming-pool
kolam berenang

T

Tag hari
täglich tiap hari
Tankstelle
setasiun bènsin
Tanz tari
tanzen menari, bertari
Tasche tas, kantong
Tasse cangkir
Taxi taksi
Tee tèh
teilnehmen ikut, turut
Telefon télépon, tilpun
telefonieren menélépon
Telegramm
télégram, kawat
Teller piring
Tempel candi
teuer mahal
Theater sandiwara
tief dalam
Tier binatang
Tisch méja
Tochter anak perempuan
Tod (sein) mati
Toilette kamar kecil
Touristenbüro
Kantor Pariwisata
Tradition adat

tragen (mem)bawa
Träne(n) air mata, tangis
träumen mimpi
traurig sedih (hati)
treffen (zufällig)
merodong
treffen, sich bertemu
trinken minum
Trinkwasser air putih
trocken kering
tu nicht! jangan(lah)!
Tür pintu

U

über (via) léwat
überfüllt ramai
überrascht héran
übrigbleiben tinggal
Ufer pantai
Uhr (Armband-) arloji
Uhr (Stunde) jam
um zu untuk (+ *Verb*)
umfallen rebah, jatuh
Umgebung sekeliling
umsteigen pindah
und dan
Unfall kecalakaan
ungefähr kira-kira,
barang
ungültig batal
Universität univérsitas
Unsinn omong kosong
unten di bawah
untergehen tenggelan
Unterschrift
tulisan tangan
ursprünglich asal, asli
Urwald hutan rimba

V

Vater (Anrede) Bapak
Vater (leiblicher) ayah
vegetarisch végétaris
verboten dilarang
verbrennen membakar
Verdienst (Gehalt) gaji
verdorben (Speise)
busuk
vergessen lupa
verheiratet kawin
verkaufen (ber)jual
verlassen berangkat
verlieren (Dinge) hilang
verlieren (Spiel) kalah
verlobt tunang
verloren (sein) hilang
Verlust rugi
vermuten mengira
verpacken membungkus
verrückt (nach) gila (akan)
verschieden lain
Versicherung asuransi
verspätet terlambat
versprechen berjanji
Versprechen janji
Verstand (Vernunft)
otak, pikir
verstehen mengerti
versuchen mencoba
Verwandtschaft
keluarga
viel(e, -es) banyak
vielleicht barangkali
Vogel burung
voll penuh
von (örtl.) dari
vor (räuml.) di muka,
di depan

vorbei (zeitl.) lalu
vorhin (soeben) tadi
Vorsicht awas
Vulkan gunung api

W

Wagen keréta
wählen (Telefon)
  memutar
während sedang, sambil
Wald hutan
wann? kapan?, bila(mana)?
Ware(n) barang-barang
warm (heiß) hangat
warnen memberi ingat
warten tunggu
warum? mengapa?,
  kenapa?
was? apa?
was für ein? apa?
waschen mencuci
Wasser air
Wasserfall air terjun
Wechselkurs
  perbandingan harga
wechseln (tauschen)
  bertukar, tukar
wecken menjagakan
Weg jalan, gang
wegwerfen buang
Weihnachten
  hari natal
weil sebab, karena
weinen menangis
weit jauh
welche(r, -s) yang
welche(r, -s)?
  (yang) mana?

Welt dunia
wenig sedikit
weniger kurang
wenn apabila, (ji)kalau
wer? siapa?
werden (Zukunft) akan
Werkstatt bèngkèl
Werkzeug alat
Westen barat
Wetter cuaca, udara
wichtig penting
wie seperti
wie? bagaimana?
wiederkommen kembali
wie viel? berapa?
Wind angin
Winter musim salju
wissen tahu
wo? di mana?
Woche minggu
Wochenende
  malam minggu
wofür? untuk apa?
woher? dari mana?
wohin? ke mana?
wohlfühlen, sich
  senang
wohnen tinggal, diam
Wolke(n) awan
wollen mau
womit? dengan apa?
woraus? dari apa?
Wort kata
wozu? apa gunanya?
Wunde luka
wünschen hendak
wütend marah

Z

Zahl (Ziffer) angka
zählen (rechnen)
  membilang
Zahn, Zähne gigi
Zahnarzt doktèr gigi
Zahnbürste sikat gigi
Zahnpasta
  pasta / tapal gigi
Zeit waktu
Zeitung surat kabar
Zentrum, zentral pusat
ziehen menarik
Zigarette rokok, sigaret
Zigarette (Nelken-)
  (rokok) krètèk
Zimmer kamar
Zoo kebun binatang
zornig marah
zu (nach) ke
zu (Personen) kepada
zu (sehr) terlalu
Zucker gula
zufällig kebetulan
Zug keréta api
Zukunft, in masa depan
zurück kembali
zurückgehen pulang
zurückkommen
  kembali
Zustand keadaan
zustimmen kabul
zuviel terlalu banyak
zwischen di téngah,
  di antara

A

adat dasein, es gibt
ada Tradition, Sitte
agama Religion
agama kristen Christentum
agar (supaya) damit, um zu
ahli bedah Chirurg
air Wasser; Saft
air mata Träne
air pasang Flut
air putih Trinkwasser
air soda, air mineral Mineralwasser
air surut Ebbe
air susu Muttermilch
air terjun Wasserfall
ajar gebildet
akan werden (Zukunft)
akhir Ende
aki Akku (Auto)
alamat Adresse
alat Werkzeug
alat potrét Fotoapparat
aman sicher (sein)
ambil holen, nehmen
anak Kind
anak laki-laki Sohn, Junge
anak perempuan Tochter
angin Wind
angka Zahl, Ziffer
anjing Hund
antara, di zwischen
apa? was?
apa? was für ein? *(nachgest.)*
apabila wenn, falls
apa, dari ...? woraus?

apa, dengan...? womit?
apa gunanya? wozu?
apa, untuk ...? wofür?
api Feuer
apotik Apotheke
arloji Uhr (Armband-)
arti Bedeutung
arus Strömung
asal (asli) ursprünglich (Herkunft)
asalnya eigentlich
asam sauer (Geschmack)
asbak Aschenbecher
asin salzig
asuransi Versicherung
atas Oberseite
atau oder
atau ... atau pun entwede ... oder
Austria Österreich
awan Wolke(n)
awas Vorsicht
ayah (leiblicher) Vater
ayam Huhn

B

babi Schwein
badan Körper
bagaimana? wie?
bagian pengganti Ersatzteil
bagus gut, (Dinge)
bahasa Sprache
bahasa ibu Muttersprache
bahaya Gefahr
baik gut, schön (Dinge)
baju Jacke

bakmie Nudeln
bambu Bambus
bangkit aufstehen
bangolan Jux
bangun aufstehen
bank Bank (finanz.)
bantal Kissen
bantu Hilfe, helfen
banyak viel(e, -es)
bapak Vater (Anrede), Herr
barang ungefähr
barang-barang Ware(n)
barangkali vielleicht
barat Westen
baru neu, eben erst
baru saja im Moment, just
basah nass
batal ungültig
batang Stamm, *KW*
batas Grenze
baterai Batterie
batik Batik
batu Stein
bawa tragen
bayar bezahlen
bayi Baby
beberapa einige
bécak Rikscha
bedungan Windel
bekerja arbeiten
belajar lernen
belakang Rückseite
belakang, di hinten
Belanda Niederlande
beli kaufen
bélok Biegung, abbiegen, umkehren
belum noch nicht
belum pernah noch nie

bèngkèl Werkstatt
bènsin Benzin
bentuk Bogen, Krümmung, *KW*
berangkat abreisen, verlassen
berani mutig
berapa? wie viel?
berarti bedeuten
beras Reis (geschält)
berasah fühlen, empfinden
berat schwer
berbagai allerlei
berbahagia glücklich
berbahaya gefährlich
berbaring hinlegen, sich
berbicara reden
berburu jagen
bercerai (dengan) geschieden (von)
berenang schwimmen
berharga kosten
berhati-hati aufmerksam, vorsichtig
berhenti stoppen, anhalten
berhitung zählen, rechnen
beri geben
beristirahat ausruhen
berita Nachricht
berjanji versprechen
berjual verkaufen
berkali-kali oft, öfter
berkata sagen
berkunjung besuchen
berlabuh ankern
berlangsung dauern
bermain spielen
bernyanyi singen

berpikir nachdenken
berpuasa fasten
bersih sauber
bertahun-tahun jahrelang
bertanya fragen
bertari tanzen
bertemu sich treffen
bertukar wechseln, umtauschen
besar groß
bésok morgen
betapa? wodurch?
betul richtig, jawohl
biasa normal, üblich
bicara sprechen, reden
bidang Fläche, *KW*
bihun Nudeln
biji Kern, KW
bikin herstellen
bila als (zeitl.)
bila(mana)? wann?
bilang erzählen
binatang Tier
bingung irre
bintang Stern
bioskop Kino
bir Bier
bis Bus
bis malam Nachtbus
bisa können, imstande sein; Gift
bodoh dumm
bolèh erlaubt, möglich sein, dürfen
bosan langweilig
botol Flasche
buah Frucht, *KW*
buah(-buahan) Obst(sorten)
buang wegwerfen

buatan Erzeugnis
bubur nasi Reisbrei
buka offen, geöffnet
bukan kein(e, -er)
buku Buch
bulan Mond; Monat
bunga Blume
bungkus Paket
buruk, jelèk hässlich
burung Vogel, *KW*
busuk verdorben (Speise)
butir Korn, *KW*

C

cabang Zweigstelle
cakap Gespräch
candi Tempel
cangkir Tasse
cantik schön (Frauen)
carik Stück, Streifen, *KW*
celana Hose
celana pèndèk Shorts
cepat schnell
cepat marah jähzornig
cerai trennen, sich scheiden lassen
cerdas intelligent
ceruk Bucht
cincin Ring
cinta Liebe
cinta (akan) gerne haben (jem.)
cium Kuss
coklat Schokolade, Kakao
contoh Muster, Beispiel
cuaca Wetter
cukup genug

curam steil, abschüssig
curi stehlen

D

daérah Gebiet, Region
daftar isi
 Inhaltsverzeichnis
daftar makanan
 Speisekarte
dagang geschäftlich
daging Fleisch
daging ayam
 Hühnerfleisch
daging babi
 Schweinefleisch
daging sapi
 Rindfleisch
dahulu früher
dalam Inneres; tief
dalam, di drinnen,
 innen, in
dan und
danau (Binnen-)See
dapat bekommen;
 können, imstande sein
dapur Küche
darah Blut
dari von (örtl.)
dari(pada)
 als (Vergleich);
 aus (Material)
datang kommen
datar flach, eben
daun Blatt (Pflanze)
dekade Jahrzehnt
dekat nah
demam Fieber
dengan mit

dengar hören
depan, di vor (räuml.)
derajat Celsius
désa Dorf
détik Sekunde
déwasa erwachsen,
 Erwachsene(r)
di an, bei
di atas oben, auf
di bawah unten
di dalam in, innen
di mana saja irgendwo
di sebelah daneben
di téngah in der Mitte
dia er, sie *(Ez)*
diam wohnen, still sein
dibuat
 hergestellt, gemacht
dilarang verboten
dingin kalt
doktèr Arzt, Ärztin
doktèr gigi Zahnarzt
doktèr kanak-kanak
 Kinderarzt
domba Lamm
duduk sitzen, sich setzen
dulu früher
dunia Welt

E

ékor Schwanz, KW
èkspor Export
èksprès Express
emas Gold
énak bequem; köstlich
énténg leicht
 (nicht schwer)
ès(batu) Eis(würfel)

èskrim (Speise-)Eis

F

famili Familie
feri Fähre
film Film

G

gading Elfenbein
gadis Mädchen
gaji Lohn, Gehalt
gang Gasse, kleiner Weg
ganti Ersatz
garam Salz
garpu Gabel
gatal jucken
gelap dunkel
gelas (Trink-)Glas
gelisah ruhelos, nervös
gembira fröhlich
gemuk dick
giat fleißig, aktiv
gigi Zahn/Zähne
gila (akan)
 verrückt (nach), irre
gorèng gebraten
gua Höhle
gula Zucker
gula-gula Süßigkeiten
gulai Suppe
guna Nutzen, Vorteil
gunting Schere
gunung Berg
gunung api Vulkan
guru Lehrer(in)

H

habis fertig (sein), aus, Schluss, Ende
hadapan Front, Vorderseite
hadiah Geschenk
halus fein, dünn
hamil schwanger
hampir beinahe, fast
handuk Handtuch
hangat warm, heiß
hanya nur
harap hoffen
harga Preis
hari Tag
hari ini heute
hari natal Weihnachten
hari kemudian / nanti später
hari raya Feiertag
harus müssen
hati Leber
haus Durst, durstig
helai Blatt, *KW*
hendak, ingin wünschen, wollen
héran überrascht
hiasan Schmuck
hidup leben
hilang verschwinden, verlieren (Dinge)
hingga bis (örtl./zeitl.)
hormat Ehre, Ehrerbietung
hubungi Kontakt
hujan Regen, regnen
hutan Wald
hutan rimba Urwald

I

ia er, sie *(Ez)*
ibu Mutter
ibu kota Hauptstadt
ibu kunci Schloss
ibu rumahtangga Hausfrau, -herrin
idé Idee
ijin Erlaubnis
ikan Fisch
ikat pinggang Gürtel
ikut folgen, teilnehmen
indah schön (Dinge)
industri Industrie
inféksi Entzündung
informasi Information
ingat sich erinnern
ini dies, diese(r, -s)
inpluènsa Grippe
intensip intensiv
interesan interessant
internasional international
intim intim
ironi Ironie
islam Islam
isi Inhalt
istiméwa speziell, besonders
istirahat Ruhe, ausruhen
istri Ehefrau
itu jene(r, -s)

J

jaga aufpassen
jaket Jacke
jalan Straße, Weg

jalan-jalan spazieren gehen
jalan kaki zu Fuß gehen
jalan setapak Fußweg
jam Stunde, Uhr
jangan(lah)! tu nicht!
janji Versprechen
jatuh (hin)fallen
jauh entfernt, weit
jawaban Antwort
jelèk böse, schlecht
jembatan Brücke
jemu langweilig
jendéla Fenster
Jèrman deutsch
jeruk Zitrusfrucht
jika(lau) wenn, falls
jual verkaufen
juga auch
jumlah Menge, Anzahl
jurus geradeaus
jurusan Richtung

K

kabar Nachricht
kabul zustimmen
kaca Glas (Material)
kaca mata Brille
kadang-kadang manchmal
kain Stoff
kaki Bein; Fuß
kala, di ... itu damals
kalah verlieren (Spiel, Sport)
kalau wenn, falls
kali Fluss, Mal
kamar Zimmer

kamar kecil Toilette

kamar mandi Badezimmer

kamar tidur Schlafzimmer

kamera Fotoapparat

kami wir

kampung Dorf

kanan rechts

kantong Tasche

kantor Büro

kantor polisi Polizeiwache

kantor pos Postamt

Kantor Imigrasi Einwanderungsbüro

Kantor Pariwisata Touristenbüro

kapal laut Schiff

kapal layar Segelschiff

kapal motor Motorboot

kapal terbang Flugzeug

kapan? wann?

kapan-kapan irgendwann

karang Koralle(n)

karcis Fahrkarte

karena weil

kartu pos Postkarte

kasih Liebe, Zuneigung

kasir Kassierer

kassa Kasse

kata Wort

kawat Kabel

kawin Heirat, heiraten; beischlafen

kaya reich

kayu Holz

ke zu, nach

keadaan Zustand

kebangsaan Nationalität

kebetulan zufällig

kebiasaan Brauch, Sitte

kebun Garten

kebun binatang Zoo

kecalakaan Unfall

kecepatan Geschwindigkeit

kecil klein

ke dalam ins (in das)

Kedutaan Besar Botschaft

kelambu Moskitonetz

kelapa Kokosnuss

kelas Klasse

keluar nach draußen gehen

keluarga Familie, Verwandtschaft

kemarin gestern

kembali zurück, zurück-, wiederkommen

keméja Hemd, Bluse

kemudian danach, dann, später

kenal kennen

kenapa? warum?

kenyang satt

kepada zu (Personen)

kepala Kopf, Chef

Kepala Kampung Bürgermeister

kerang Muschel

kerajinan Industrie

keras hart

keréta Wagen

keréta api Zug

kering trocken

keris Dolch

kerja Arbeit

kertas Papier

kerusakan Schaden, Defekt

kesulitan Schwierigkeit

ketawa lachen

ketika als (zeitl.)

khusus speziell, besonders

kilo Kilogramm

kilo(méter) Kilometer

kira Meinung, Vermutung

kira-kira ungefähr, vielleicht

kiri links

kirim schicken, senden

kita wir

kolam berenang Swimming-pool

komputer Computer

kondom Kondom

kontainer Container

konsulat Konsulat

kopi Kaffee

korék api Streichhölzer

kosong leer

kota Stadt

kota besar Großstadt

kotak Schachtel, Kasten

kotor schmutzig

krém Creme

krètèk Nelkenzigarette(n)

Kristen Christ, Christen

kuat stark, kräftig

kucing Katze

kucup Kuss

kuè Kuchen

kulit Haut, Leder

kunci Schlüssel

kuno alt(modisch), antik

kuntum Knospe, KW

kurang weniger, minus

kurang ajar/sopan
frech
kurang baik schlecht
kursi Stuhl
kursi panjang Couch
kwalitèt Qualität
kwitansi Quittung

L

labuhan Hafen
lagi *(nachgest.)*
noch (immer)
lagi *(vorangest.)*
gerade (etw. tun)
lagu Lied
lahir geboren (werden)
lain anders, andere(r, -s)
laki Mann
lalat Fliege
lalu dann, vorig, vorbei
lama alt (Dinge)
lange (Zeit)
lamanya Dauer
lamban faul, träge, müde
lambat langsam
lampu Lampe
langit Himmel
langsung geradeaus,
direkt
lapangan terbang
Flughafen
lapar Hunger, hungrig
lapor Bericht
lari laufen, rennen, fliehen
laut Meer
lebih mehr
lebih baik besser
lebih muda jünger

lekas schnell
lelah müde, erschöpft
lemah schwach
lemari Schrank
lembab feucht
lembar Faden, *KW*
lembaran Blatt (Papier)
lembu Rind
lengan Arm
léták erschöpft
léwat über, entlang, via
licin glitschig (Straße)
lihat sehen
lilin Kerze
listrik Elektrizität
lobang Loch
lokèt (Karten-)Schalter
losmén Pension
luar, di draußen
lucu komisch, ulkig, Jux
luka Wunde
lukisan Bilder
lumpur Matsch,
Schlamm
lupa vergessen
lusa übermorgen

M

Ma'af! Entschuldigung!
mabuk betrunken
mabuk laut seekrank
macam Art
madu Honig
mahal teuer
mahasiswa Student(in)
main spielen
makan essen
makanan Speise, Essen

makanan malam
Abendessen
makanan pagi
Frühstück
makanan ringan Imbiss
makanan siang
Mittagessen
maksud Absicht
malam Nacht, Abend
malam minggu
Wochenende
malas faul, träge, müde
mampir besuchen
mana? welche(r, -s)?
mana ... mana
sowohl ... als auch
mana, dari ...? woher?
mana, di ...? wo?
mana, ke ...? wohin?
mandi baden
manis lieblich, süß
marah wütend, zornig
mari(lah) kita ...!
lasst uns ...!
masa als (zeitl.)
masa depan in Zukunft
masak kochen, reif, gar
masih noch
masih lagi noch mehr
masing-masing
jede(-r, -s)
masuk hineingehen,
untergehen (Sonne)
mata Auge
mata air Quelle (Wasser)
mata hari Sonne
mati Tod(sein)
mau wollen, möchten
méja Tisch
melainkan sondern

meletakkan legen, stellen
memakai benutzen
memanggil rufen
memarkir parken
memasak kochen
membaca lesen
membakar verbrennen, backen, rösten
membantu helfen
membatalkan widerrufen
membawa tragen, bringen
membayar (dimuka) (im voraus) bezahlen
membeli kaufen
memberi geben
memberi hormat grüßen
memberi ingat warnen
memberi salam grüßen
membersihkan sauber machen
membikin, membuat machen, tun, herstellen
membilang zählen, rechnen, erzählen
membongkar einbrechen
membuka öffnen
membungkus verpacken
memegang festhalten
memesan bestellen
memikir(i) denken (an)
memilih wählen (Telefon)
memimpin(kan) führen, leiten
memotrèt fotografieren
memukul schlagen

memulai anfangen
memutar wählen (Telefon)
menang gewinnen
menangis weinen
menari tanzen
menarik interessant, ziehen
menawar handeln
mencari suchen
mencatat eingeschrieben (Brief)
mencintai, mengasihi lieben, gerne haben
mencium küssen, riechen
mencoba versuchen, anprobieren
mencuci waschen, entwickeln (Filme)
mencuri stehlen
mendapat, menerima erhalten, bekommen
mendengar hören, zuhören
menélépon telefonieren
menemukan finden, entdecken
menerangkan erklären
mengajar lehren
mengambil holen, nehmen
menganggu stören, belästigen
mengangkut transportieren
mengapa? warum?
mengelus streicheln, liebkosen
mengerti verstehen
mengira vermuten, meinen, denken

mengucupi küssen
mengundang einladen
meninggal sterben
ménit Minute
menitip(kan) in Verwahrung geben
menjadi werden (etw.)
menjagakan wecken
menjawab antworten
menjemu(kan) langweilig
menjerit schreien, kreischen
menjesatkan irreführen
mentéga Butter
menulis schreiben
menutup(i) schließen, zumachen
menyéwa mieten, chartern
menyuntik impfen
merasa empfinden, wahrnehmen
merasa marah tentang sich ärgern über
meréka sie *(Mz)*
merindukan sich sehnen nach
merodong treffen (zufällig)
merokok rauchen
mésjid Moschee
mèskipun obwohl, trotzdem
mesti müssen
mie Nudeln
mimpi träumen
minggu Woche
minta betteln
minta! bitte!

minum trinken
minuman Getränk
minyak
  (Speise-, Parfüm-)öl
miskin arm (sein)
mobil Auto
mogok Panne haben
mogoknya kendaraan
  Autopanne
muda jung, jugendlich
mudah einfach, mühelos
muka Gesicht
muka, di vor (örtl.)
mulai anfangen
murah billig
murid Schüler(in)
musim Jahreszeit
musim panas Sommer
musim salju Winter
musium Museum
musti müssen
musuh Feind

N

naik hinaufsteigen,
  -gehen, einsteigen,
  fahren mit
nakal frech, unartig
nama Name
nanti später, bald,
  nachher
nasi Reis (gekocht)
negara Staat
nikah Heirat, heiraten
nomor Nummer
Nona Fräulein (Anrede)
nusa Insel
nyamuk Moskito

Nyonya Frau (Anrede)

O

obat Medizin, Arznei
oli (Motor-)Öl
omong kosong Unsinn
onderdil Ersatzteil
orang Mensch, *KW*
orang asing Fremder
orang dagang Fremder,
  Händler
orang gila Idiot
orang tua Eltern
otak Gehirn, Verstand,
  Vernunft

P

pabrik Fabrik
pada bei
pagi (der) Morgen
  (6-11 Uhr)
pagi-pagi morgens
pahit bitter
pakaian Kleidung
pakét Paket
paling am meisten
paling baik am besten
palu Hammer
pamili Familie
panas heiß, scharf, Hitze
pandai klug, geschickt
panjang lang
pantai Ufer, Strand
pap (Kinder-)Brei
parkir parken
pasar Markt

pasar malam Nachtmarkt
pasir Sand
paspor Pass
pasta gigi Zahnpasta
patah gebrochen, entzwei
pedas scharf gewürzt
pegawai Angestellte(r)
pekerja Arbeiter(in)
pekerjaan Beruf
pelajar Student(in),
  Schüler(in)
pelan-pelan langsam,
  gelassen
pelayan Kellner
pembantu rumahtangga
  Hausangestellte
pembuat Hersteller
pemburuan Jagd
pemukul Hammer
pencuri Dieb(in)
pencurian Diebstahl
pendapat Meinung,
  Auffassung
pèndèk kurz
penerangan Information
penduduk (pulan)
  Einwohner,
  (Insel-) Bewohner
pengajar Lehrer(in)
penting wichtig
penuh voll
penumpang Passagier
perahu Segelboot, Prau
pérak Silber
perang Krieg
perasaan Gefühl,
  Empfindung
perbaiki reparieren
perbandingan harga
  Wechselkurs

Wörterliste Indonesisch - Deutsch A-Z

percaya glauben
perdamaian Frieden
perempuan Frau
pergantian tahun Jahreswechsel
pergi abreisen
pergi gehen, fortgehen
perhatian Interesse
perlabuhan Hafen
perlu nötig (sein), brauchen
permainan Spiel
Permisi (dulu)! Entschuldigung!
permuda Jugendliche
permulaan Anfang
pernah jemals
pertama erstens
perut Bauch
pesan bestellen
pesanan Bestellung
petang Nachmittag (15-18 Uhr)
petani Bauer
pikir Verstand, Vernunft
pikir(an) Gedanke, Idee
pilem Film
pindah umziehen (Wohnung), umsteigen (Bahn)
pintar; klug, geschickt
pintu Tür
piring Teller, Untertasse
pisau Messer
pohon Baum
polisi Polizei
pompa bènsin Tankstelle
pos udara Luftpost
potongan Rabatt
produksi Erzeugnis

pucuk Spross, Trieb, *KW*
pukul schlagen
pulang zurückgehen, heimgehen,
pulau Insel
punya haben, besitzen
pusat Zentrum, zentral
putih weiß

R

rabat Rabatt
racun Gift
raja König(in), Fürst(in)
rajin fleißig, aktiv
ramai überfüllt, hektisch
rambut Haar
ramput Gras
rasa Empfindung, Gefühl, Geschmack, Gedanke, Idee
ratu König(in), Fürst(in)
rebah niederstürzen, umfallen
rébus gekocht
rébusan abgekocht
rendah niedrig
réstoran Restaurant
riang fröhlich
rok Rock (europ.)
rokok Zigarette
rombongan Gruppe
roti Brot
rugi Schaden, Nachteil, Verlust
rumah Haus
rumah makan Restaurant
rumah sakit Krankenhaus

rusak kaputt, zerbrochen

S

sabar Geduld
sabun Seife
saja bloß, nur
sakit krank (sein), Schmerz
sakit hati gekränkt
salah falsch
sambil während, indem
sampai ankommen, bis
sampai begitu insofern
sampan Auslegerboot
samping Seite
sana, di dort (hinten)
sana, ke dorthin
sandiwara Theater
sanggup können
sapi Rind
sari buah Obstsaft
saudara Sie (höflich)
saudara (laki-laki) Bruder
saudara (perempuan) Schwester
saya ich
sayang leider; Liebe
sayur(-sayuran) Gemüse
sebab Grund (Ursache), weil
sebagai ganti anstatt
sebelah, di neben
sebelum bevor
sebentar gleich später, Moment
sebetulnya tatsächlich, eigentlich

sedang während, gerade (etw. tun)
sedap köstlich, herrlich
sedia fertig (sein)
sedih (hati) traurig
sedikit wenig, ein bisschen
sedunia international
segala, sekalian alle
segar gesund (sein)
sehat Gesundheit, gesund
sehingga so dass
sejak seit(dem)
sejauh insofern
sejuk frisch, kühl
sekali einmal, sehr
sekalipun obwohl
sekarang jetzt
sekeliling Umgebung
seketika sofort
selain (dari) außer
selalu, selamanya immer, stets
selama itu inzwischen
selatan Süden
selesai fertig (sein)
selimut Decke, (Bett-)
semuanya insgesamt
sementara während
sempit eng, schmal
sempurna ideal
semua alle(s)
senang gerne tun, mögen, sich wohlfühlen
senang dengan gerne haben
sendiri alleine
séndok Löffel
sepatu Schuh, Stiefel
sepéda Fahrrad

sepéda motor Motorrad
seperai Bettdecke,-laken
seperti wie, gleich sein
serangga Insekt
sering oft, öfters
seseorang irgendeine(r)
sesudah nachdem
setasiun Station
setasiun bènsin Tankstelle
setasiun (keréta api) Bahnhof
setelah nachdem
seténgah halb
setiap jede(r, -s)
setiap orang jedermann
séwa Miete
siang Mittag (11-15 Uhr)
siap bereit/fertig (sein)
siapa? wer?
sigaret Zigarette
sikat gigi Zahnbürste
silahkan! bitte!
singkat kurz
sini, di hier
sisi Seite
sisir Kamm
situ, di da
sop, soto Suppe
sopir Chauffeur
soré Nachmittag (15-18 Uhr)
suami Ehemann
sudah bereits, schon
sudah pernah schon einmal
suka mögen, gerne tun
sukar, sulit schwierig, mühevoll
sungai Fluss
suntikan Injektion

supaya damit, um zu
supaya jangan damit nicht
surat Brief
surat kabar Zeitung
surat kawat Telegramm
surat keterangan Personalausweis
surat tercatat Einschreiben
susu Milch
susu kental Kondensmilch
susu lengkap Vollmilch
sutera Seide
Swiss Schweiz

T

tadi vorhin, früher
tahan ertragen
tahu können, wissen, fähig sein (zu tun)
tahun Jahr
taksi Taxi
takut Angst, ängstlich
tali Seil, Schnur
tambah plus
tambangan Fähre
tampar Tampon
tanah Grund, Boden
tangan Hand
tanggal Datum
tangis Träne
tanpa ohne
tapal gigi Zahnpasta
tari Tanz
tas Tasche
tawar bitter

téh Tee
telah schon
telah bereits (schon)
télégram; Telegramm
télépon Telefon
teliti genau, präzise
teluk Bucht
telur Ei
teman Freund
tempat Platz
tempat duduk Sitzplatz
tempat tidur Bett
téngah Mitte, Hälfte
téngah, di zwischen
tenggelam untergehen
tepat genau, präzise
terang hell (klar)
terbang fliegen
terbit erscheinen,
   aufgehen (Sonne)
terbuka offen, geöffnet
tercatat Einschreiben
terima kasih! danke!
terlalu zu (sehr)
terlalu banyak zuviel
terlambat verspätet
termasuk inklusive
tertawa lachen
terus (hin)durch,
   geradeaus
tetapi aber, doch, jedoch
tiap hari täglich
tiap kai jedesmal
tiap(-tiap) jede(r, -s)
tiap tiap tahun jährlich
tiba ankommen
tiba-tiba plötzlich
tidak nein, nicht
tidak ... melainkan
   nicht ... sondern

tidak pernah nie
tidur schlafen
tikar Matte, Schlafmatte
timur Osten
tinggal wohnen, sterben
   (zurück-, übrig)bleiben
tinggi hoch
Tionghoa Chinese
tipis dünn, fein
tiram Auster
titip in Verwahrung geben
toko Geschäft, Laden
toko obat Drogerie
tolong! Hilfe!, bitte!
topéng Maske
tua alt (Personen)
tuan Herr
tubuh Körper
Tuhan Gott
tukang Handwerker
tukang emas/intan
   Juwelier
tukar tauschen, wechseln
tulang Knochen
tulisan tangan Unterschrift
tumbuhan Planze
tunang verlobt
tunggu warten
tungkai Bein, Fuß
turun hinabsteigen
turut teilnehmen
tutup geschlossen
tuturan Unterhaltung

U

uang Geld
uang kontan Bargeld
udang Hummer, Krabben
udara Luft(raum), Wetter
ukiran Schnitzerei
ular Schlange
umum öffentlich,
   allgemein
umur (Lebens-)Alter
undangan Einladung
univèrsitas
   Universität
untuk für
untuk (+ Verb) um zu
usah nötig (sein)
utara Norden
utas Schnur, Band, KW
utuh intakt

W

waktu Zeit, als (zeitl.)
waktu puasa Fastenzeit
walaupun obwohl
wanita Frau
warna Farbe
warung Essensstand
wisma Gästehaus, Hotel

Y

ya ja, jawohl
yang welche(r, -s)
yang pertama
   erste(r, -s)

Die Autorin

Gunda Urban, Jahrgang 1956, studierte an der FH Bielefeld Foto-/ Film-Design. 1982 reiste sie zum ersten Mal nach Indonesien. Da die Reiseroute hauptsächlich durch von Touristen nicht bereiste Gebiete der Kleinen Sunda-Inseln führte, wo kaum jemand Englisch sprach, sie sich aber trotzdem verständlich machen wollte, blieb ihr nichts anderes übrig, als Indonesisch zu lernen. Seitdem sie die Sprache spricht, reist sie jährlich mehrere Monate durch Indonesien.

Anderen Reisenden das Erlernen der Sprache zu erleichtern, war ihre Intention, als sie begann, dieses Sprachbuch zu schreiben.

Peter Rump, Autor des Reisehandbuches „Bali & Lombok" nahm die Idee auf und konzipierte die Reihe Kauderwelsch. „Indonesisch - Wort für Wort" ist der erste Band der mittlerweile über 200 Bände umfassenden Reihe.

Gunda, Peter und Sohn Wayan freuen sich über Kritik und Verbesserungsvorschläge. Man erreicht sie entweder in Bielefeld oder in ihrem Häuschen auf Bali. Das steht auf dem Gelände von „Pugig's Homestay", Penestanan, Ubud, Bali.